_____ 님의 소중한 미래를 위해

이 책을 드립니다.

일과 관계가
술술 풀리는
목소리의 비밀

일과 관계가
술술 풀리는
목소리의 비밀

이서영 지음

메이트북스

메이트북스 우리는 책이 독자를 위한 것임을 잊지 않는다.
우리는 독자의 꿈을 사랑하고,
그 꿈이 실현될 수 있는 도구를 세상에 내놓는다.

일과 관계가 술술 풀리는 목소리의 비밀

초판 1쇄 발행 2018년 11월 8일 | **초판 2쇄 발행** 2024년 2월 5일 | **지은이** 이서영
펴낸곳 ㈜원앤원콘텐츠그룹 | **펴낸이** 강현규·정영훈
편집 안정연·최주연 | **디자인** 최선희
마케팅 김형진·이선미·정채훈 | **경영지원** 최향숙
등록번호 제301-2006-001호 | **등록일자** 2013년 5월 24일
주소 06132 서울시 강남구 논현로 507 성지하이츠빌 3차 1307호 | **전화** (02)2234-7117
팩스 (02)2234-1086 | **홈페이지** www.matebooks.co.kr | **이메일** khg0109@hanmail.net
값 15,000원 | **ISBN** 979-11-6002-179-0 03190

메이트북스는 ㈜원앤원콘텐츠그룹의 경제·경영·자기계발·실용 브랜드입니다.

이 도서의 국립중앙도서관 출판시도서목록(CIP)은 e-CIP홈페이지(http://www.nl.go.kr/ecip)에서
이용하실 수 있습니다.(CIP제어번호 : CIP2018033251)

목소리는 악기와 같다
악기와 같이 연주법을 배워야 한다
올바른 사용법을 익혀라

• 모튼 쿠퍼(미국 목소리 분야의 권위자) •

목소리는 타고나는 것이 아닙니다!

하우투스피치를 운영하며 가장 인기 있는 과정이 무엇이냐고 묻는다면 저는 단연코 '목소리 교정'이라고 말하고 싶습니다. 목소리에 대한 콤플렉스를 가진 사람들부터 목소리의 중요성을 깨닫고 스스로 좋은 목소리를 갖기 위해 노력하는 사람들, 비즈니스에서 목소리 활용도가 필요한 사람들까지…. 다양한 직군의 다양한 사람들이 자신의 목소리를 제대로 알기를 원하며 맞춤 훈련을 받고 싶어 합니다.

이 책은 다른 책보다 쉽게 읽을 수 있을 겁니다. 또한 홈트레이닝을 할 수 있도록 책을 구성했습니다. 여러분은 모두 자신만의 개성 있는 목소리 뿌리를 갖고 있습니다. 그 뿌리를 탄탄하게 다지고 본인이 원하는 열매를 맺기 위해서는 노력이 절실히 필요합니다. 목소리의 변화는 굉장히 어색합니다. 불편하기도 하죠. 그것들을 이길 만큼의 노력과 연습이 중요합니다.

3… 2… 1….

아직도 처음 생방송에 투입되었을 때의 순간을 잊을 수 없습니다.

카메라 앞에서 경직되었던 얼굴, 파르르 떨리던 목소리, 갈곳 잃은 시선이 아직도 명확히 기억납니다. 생방송에 투입되기전에 대본을 수없이 숙지하고 연습을 했었지만 막상 실전에서는 전혀 활용할 수가 없었습니다. 여느 사회생활이 마찬가지겠지만, 특히나 방송계는 프로들의 세계이기에 한 번의 실수로다음의 기회는 사라집니다. 그때부터 연이어 쭉 생방송은 저에게 낙방의 세계를 맛보게 해주었습니다.

아마 지금 저에게 교육을 의뢰하는 수강생들의 마음이 그때 제 마음과 같지 않을까 생각합니다. 또한 이 책을 손에 든 분들도 저와 같은 마음을 한 번이라도 겪은 분들이 아닐까 하고 생각합니다. 제가 말하고 싶은 핵심은 타고나야지만 좋은 목소리를 갖는 것은 아니라는 것입니다.

제가 방송인을 준비하며 아나운서 아카데미에서 배웠던 것은 훌륭한 선생님들의 방송 노하우, 뉴스 원고를 읽는 연습, 이미지메이킹이 주된 커리큘럼이었습니다. 그러나 저는 수업을 잘 따라가지 못하는 학생 중 한 명이었고, 그랬기에 선생님들의 관심도 거의 받지 못했습니다. 당시 저는 누구보다 좋은 목소리를 갈망했고, 저만을 위한 맞춤 훈련을 받고 싶은 학생이었습니다. 제가 갖고 있었던 결핍은 방법을 찾게 해주는 열쇠가 되었습니다.

당시 저는 방송인으로서 적합한 목소리가 아니라는 평가를 받기도 했습니다. 유난히 얇고 높은 음성으로 자칫하면 시끄러운 느낌을 줄 수도 있는 목소리였습니다. 하지만 저는 제 목소리를 싫어하지는 않았습니다. 때문에 좀더 매력적인 나만의 목소리를 갈고닦기 위해 힘썼습니다. 그렇게 공부하고 스스로 실습했던 방법들을 이 책에 한 줄 한 줄 써내려갔습니다. 지금의 본인 목소리를 싫어하지 마세요. 애정을 갖고 변할 수 있도록 관심을 주세요. 나머지는 이 책이 해결해줄 수 있다고 확신합니다. 꼭 기억해주세요. 목소리는 만들어지는 것입니다.

하우투스피치 대표

이서영

> 본문에 수록되어 있는 QR코드를 스캔하시면
> 저자가 직접 녹음한 오디오 파일을 들을 수 있습니다.

차례

7장 연습하면 달라지는 목소리

8장 발표가 두렵지 않아요

『일과 관계가 술술 풀리는
목소리의 비밀』
저자 심층 인터뷰

'저자 심층 인터뷰'는 이 책의 주제와 내용에 대한 심층적 이해를 돕기 위해 편집자
가 질문하고 저자가 답하는 형식으로 구성한 것입니다.

Q. 『일과 관계가 술술 풀리는 목소리의 비밀』을 소개해주시고, 이 책을

　　통해 독자들에게 전하고 싶은 메시지가 무엇인지 말씀해주세요.

A. 우리는 무수히 많은 상황 속에서 사람들과 커뮤니케이션

　　을 하며 살고 있습니다. 비즈니스에서도, 일상생활에서도

　　말이죠. 이러한 과정 속에서 목소리의 쓰임은 굉장히 중

　　요합니다. 목소리에 자신의 감정을 담고, 자신의 전문성을

　　담아야 합니다. 때로는 설득력을 발휘해야 하는 상황에서

　　목소리를 좀더 효과적으로 활용한다면 원하는 방향으로

술술 풀리게 할 수 있습니다. 저는 목소리에 많은 것들이 담겨있다고 생각합니다. 그 사람의 성향을 비롯해 본연의 자신만의 분위기까지 말이죠. 좋은 말을 담는 좋은 그릇은 목소리입니다. 자신만의 매력적이고 멋진 그릇인 목소리를 이 책을 통해 꼭 만들어내길 바랍니다.

Q. 기존에 출간된 목소리 교정 관련 책들과 차별화되는 이 책만의 장점들이 있다면 무엇인가요?

A. 이 책을 읽으면 아시겠지만, 실제 강의를 듣는 것처럼 쉽게 써내려갔습니다. 또한 일반 수강생들을 만나 교육을 하면서 그들이 목소리에 대한 어떤 궁금증을 품고 있는지 잘 알기에 그 부분도 담아내려 노력했습니다. 때문에 책을 읽으면 '아, 이건 정말 궁금한 것이었는데'라고 생각하며 답을 얻어내는 부분이 있을 것이라고 확신합니다. 이 책에 수록된 QR코드의 녹음까지 들으면서 연습한다면 더 좋은 효과를 얻어내리라 생각합니다.

Q. 목소리를 바꾸면 비즈니스와 인간관계가 술술 풀린다고 하셨습니다. 목소리가 그렇게나 중요한 건가요?

A. 네, 정말 중요합니다. 제가 교육원을 운영하면서 교육하는 여러 수업과정 중에 가장 인기가 있는 프로그램이 바로 '목소리 교정'입니다. 방송인이나 목소리를 다루는 직업을 가진 분들이 아니어도 목소리에 대해 콤플렉스를 느끼거나, 자신의 목소리를 바꾸고 싶어하는 분들이 많다는 의미죠. 이러한 부분만 살펴보더라도 목소리가 상대방에게 큰 영향을 끼친다는 것을, 누구나 좋은 목소리로 변화시키고 싶다는 욕구가 크다는 것을 알 수 있습니다. 저를 예로 들어보면, 더욱더 목소리가 중요하다는 점을 쉽게 설명할 수 있습니다. 제가 의도하지 않아도 목소리를 내는 순간 비즈니스에서 '전문적이다'라는 인상을 주고, 귀에 쏙쏙 들어오는 매력적인 목소리라고 좋아해주시는 분들이 많습니다. 그러나 저는 타고난 목소리꾼이 아니었습니다. 부단히 훈련하고 노력한 결과죠. 즉 여러분도 충분히 자신이 원하는 방향으로 목소리를 변화시킬 수 있습니다.

Q. 목소리 교정을 위해 가장 먼저 해야 할 일이 현재 나의 목소리를 듣는 것이라고 하셨습니다. 나의 목소리를 듣는다는 건 어떤 의미이고, 어떻게 들어야 하나요?

A. 내가 나의 목소리를 듣는 것은 부끄러운 일일 수 있습니다. 물론 어떤 사람은 거울을 자주 들여다보고, 자신의 얼굴을 카메라로 촬영해보면서 스스로를 체크하는 일이 익숙한 분들도 있습니다. 하지만 그렇지 않은 분들도 많죠. 그러나 스스로의 모습을 자세히 들여다볼 줄 아는 분들이 나의 예쁜 점들, 나의 부족한 점들을 더 잘 알 수 있다고 생각합니다. 목소리도 마찬가지입니다. 나의 목소리가 어떠한지 객관적으로 들으려고 노력해야 합니다. 내가 듣는 목소리와 남이 듣는 목소리는 생각보다 다릅니다. 녹음해서 들어본 목소리가 남이 듣는 목소리에 가깝다고 생각하면 좋을 듯합니다. 이 책을 통해 왜 내가 듣는 목소리와 남이 듣는 목소리가 다른지 살펴보고 나의 목소리를 듣는 것부터 시작해보면 좋겠습니다.

좋은 목소리란 어떤 목소리를 말하는 건가요? 중저음의 목소리는
좋은 목소리이고, 높은 톤의 목소리는 안 좋은 목소리인가요?

A. 좋은 목소리는 특정의 목소리를 뜻하는 것이 아닙니다. 중
저음의 목소리만이, 높은 톤의 목소리만이 좋은 목소리라
고 하는 것은 타당하지 않습니다. 좋은 목소리란 본인이
가지고 있는 개성 있는 목소리를 자리와 상황에 맞게 자
연스럽게 연출하고, 의도한 대로 표현할 수 있는 목소리라
고 말하고 싶습니다. 개개인은 목소리의 뿌리가 다릅니다.
그 뿌리가 기본이 되어 내가 원하는 대로 활용할 수 있는
목소리가 좋은 목소리라고 말씀드리고 싶습니다.

Q. 불균형에 흐트러진 자세로는 좋은 목소리를 낼 수 없다고 하셨습니
다. 좋은 목소리를 내기 위한 자세에 대해 알려주시기 바랍니다.

A. 기본적으로 몸에 힘이 없는 분들이 좋은 목소리를 내는
경우는 드뭅니다. 목소리는 에너지이기도 한데요, 에너지
를 전달할 수 있는 기운과 힘이 있어야겠죠. 그렇기에 좋
은 목소리를 내기 위해 자세의 중요성에 대해 언급했습니
다. 자세에 대해 간단한 팁을 드리자면, 서 있을 때 하체에

힘을 주는 자세를 취해보세요. 예를 들면 스쿼트 자세가 있습니다. 스쿼트를 하면서 일어나는 자세를 통해 힘 있는 하체로 중심을 잡고 서있는 자세를 만들어보세요. 사람들 앞에 서서 말할 때나 발표할 때 큰 도움이 될 것입니다.

Q. 목소리에 힘을 실으려면 복식호흡이 필요하다고 강조하셨습니다. 복식호흡 훈련법을 쉽게 소개해주시기 바랍니다.

A. 목소리와 관련해서 아마 지겹게 들어온 것이 복식호흡을 해야 한다는 주문일 것입니다. 평소 하던 호흡에서 갑자기 복식호흡을 하려면 어떤 느낌인지, 어떻게 해야 하는지 전혀 감이 오지 않을 거예요. 복식호흡을 할 수 있는 훈련법을 한 가지 소개하자면, 바닥에 누워서 호흡하라고 말씀드리고 싶습니다. 갓난아이의 숨쉬기를 보면 호흡을 들이마실 때 배가 볼록하고 나오는 모습을 볼 수 있습니다. 힘차게 울어댈 때 배의 힘이 들어간 모습도 볼 수 있어요. 우리도 훈련을 통해 복식호흡을 충분히 할 수 있습니다. 복식호흡이 가능해야 목소리의 힘이 생깁니다.

Q. 발음이 서툴러서 고민인 사람들이 많습니다. 발음 교정을 위한 훈련법을 알려주시기 바랍니다.

A. 호흡, 발성보다 발음을 교정하는 것이 더 수월할 수 있습니다. 우리의 발음을 좌우하는 조음기관의 움직임을 정확히 다루면 됩니다. 먼저 나의 취약발음을 제대로 파악하고, 조음기관의 움직임을 명확히 하는 것이 발음 교정의 훈련법입니다. 이 책에서 자세히 다룬 부분을 참고하시면 훨씬 쉽고 편하게 연습할 수 있습니다. 또한 발음을 교정하기 위해 꼭 거울을 가까이하세요. 나의 입모양과 입근육의 움직임을 눈여겨봐주세요.

Q. 아이 같은 말투, 즉 아성과 아투 때문에 평가절하를 당하는 사람들이 많습니다. 어떻게 아성과 아투를 교정해야 할까요?

A. 맞아요. 아성과 아투로 인해 자신의 전문성을 제대로 전달하지 못하는 경우들이 많죠. 아성과 아투를 없애기 위해 제가 전해드리는 교정법 중 가장 기본은, 군인이 되었다는 생각으로 '다나까'체를 써보는 것을 권해드립니다. 약간은 딱딱하게, 조금은 남성스럽게 소리 낸다는 생각으로 말해

보세요. 아성과 아투를 없애기 위해서는 예쁘고 여성스럽게 말하는 습관은 잠시 미뤄두세요.

Q. 자신의 목소리 콤플렉스 때문에 오늘도 고민하고 있는 사람들에게 격려 한마디 부탁드립니다.

A. 일이 잘 풀리고, 좋은 결과를 얻은 사람들이 흔히 하는 말 중에 "운이 참 좋았어요"라는 말이 있습니다. 운을 믿고 따르는 것은 개인의 자유겠지만, 좋은 운이 따르게 하는 노력들이 세상에는 많이 존재한다고 믿습니다. 그 노력 중 한 가지가 바로 좋은 목소리를 쓰는 것이라고 생각합니다. 좋은 목소리를 통해 자신의 기량을 드러내고, 좋은 사람들을 이끄는 일이 가능하다고 생각합니다. 고칠 것이 많다는 것은 변화의 폭이 크고 넓다는 뜻이기도 합니다. 지금 내가 부족한 점이 많다면 앞으로의 변화도 더욱 기대된다는 의미죠. 기대해보세요. 분명히 당신의 목소리는 매력적으로 달라질 수 있습니다. 그러면 당신의 일도, 관계도 술술 풀릴 겁니다!

대화를 할 때 상대의 목소리만 듣고도 그 사람의 에너지나 성격까지
도 예상이 될 때가 있습니다. 확실하고 정확하게 판단하기는 어렵겠
지만, 첫인상의 느낌처럼 말이죠. 내가 온전히 표현되기도 하는 나의
목소리를 객관적으로 들어본 경험이 있습니까? 스스로의 진짜 목소
리를 느껴본 적이 있습니까?

1장

진짜
나의 목소리

말을 할 때
목소리가 중요한 이유

> "목소리가 콤플렉스예요."

아주 예쁘게 생긴 무용을 전공하는 여학생이었는데, 목소리 진단을 하는 순간 깜짝 놀랄 수밖에 없었습니다. 굉장히 허스키한 목소리에 말끝 갈라짐 현상이 심했기 때문입니다. 주변에서 담배를 많이 피냐는 소리까지 듣는다며, 목소리가 콤플렉스라고 해서 하우투스피치를 찾아오게 되었지요. 이미 성대가 많이 손상된 상태인 듯 보였습니다.

또한 면접에서 자꾸 낙방하는 친구를 진단한 경우가 있었는데, 발음이 매우 부정확했습니다. 그러다보니 면접관에게 본인의 의견이 제대로 전달되지 못해 면접에서 떨어진 것이었죠. 아주 똑똑한 친구였는데 왜 이제야 교정을 하려고 마음을 먹었는지 아쉬웠습니다. 이 외에도 사투리를 너무 많이 사용해 비즈니스에서 전문성이 결여되어 보인다는 이유부터, 상담사인데 목소리에 생동감이 없어 사람들이 지루해한다는 이유 등 목소리 교정이 필요한 경우는 다양합니다.

강연을 다니다보면 강사들에 대한 수강생의 피드백을 바로들을 때가 있기도 합니다. 강사들이 쭉 연이어 다양한 주제로 강의를 하게 되는 경우가 있는데요, 그런 경우 앞 순서에 강의를 진행한 강사와 비교될 때가 많습니다. 제 앞 순서에 강의를 한 분은 연륜도 있고 굉장한 지식을 가지고 있는 강사님이었습니다. 그런데 목소리가 유난히 찢어지게 높고, 강조를 할 때는 더욱 톤이 올라가서 약간은 인상을 찌푸리게 만드는 목소리를 가지고 있었습니다.

공교롭게도 제가 다음 순서로 교육을 들어가게 되었고, 1부를 끝내고 쉬는 시간이 되자 한 수강생이 "선생님 목소리가 너무 듣기 좋아서 집중이 잘 됐어요. 바로 앞 순서에 진행한 강사님 목소리는 듣기 힘들어서 아쉬웠어요"라는 말을 전했습니다. 내심 기분이 좋기도 했지만, 안타까운 마음도 들었습니다. 만일 그분이 제대로 목소리를 활용할 수 있었더라면, 훨씬 좋은 평가를 받을 수 있지 않았을까요? 이렇게 목소리의 중요성이 드러나는 상황은 매우 많습니다.

■ 목소리의 중요성

신입사원 채용시 "응시자의 목소리가 채용결정에 영향을 미친다"는 응답이 92.7%
　　　　　　　　　　　　　　　　MBC 스페셜 〈목소리가 인생을 바꾼다〉

"관중의 80%가 목소리만 듣고 연설자의 성격을 예상했다."
　　　　　　　　　　　　　　　　　　　　　하버드대학 실험 결과

"좋은 목소리를 가진 CEO가 더 큰 기업에서 더 많은 연봉을 받을 가능성이 높다."
　　　　　　　　　　　　듀크대 경영대학원 메이유[Mayew] 교수팀 연구 결과

"여성들이 목소리가 좋은 남성이 하는 말의 내용을 7%나 더 많이 기억했다."
　　　　　　　　　　　　　　　영국 애버딘대 스미스[Smith] 교수팀
　　　　　　　　　　　　'남성목소리에 대한 여성의 반응' 추적 검사 결과

목소리의 변화는 삶을
긍정적인 방향으로 흘러가게 한다

목소리의 중요성을 파악하고 교정을 시작한 수강생들의 후기는 학원의 대표이자 강사인 저에게 활력을 불어넣어 주었습니다. 또한 목소리를 바꾸고 싶다고 교육을 의뢰하는 다양한 분들을 만났습니다.

큰 목소리를 내본 경험이 없어 매번 발표 때마다 낮은 점수를 받고 이로 인해 자신감이 없다고 말하던 대학생. *쉰 목소리가 자주 나고, 말을 많이 할 때마다 목이 너무 아파* 병원에 갔더니 병원에서 치료 후 말을 하지 말라는 진단을 받았던 여성분. *부정확한 발음*으로 인한 사람들의 시선에 말하는 것이 너무 싫다던 기업의 대표. *가늘고 얇은 목소리*로 자신의 의견을 이야기할 때마다 울먹이는 느낌과 극심한 긴장감으로 면접 탈락의 고배를 마셨던 취업준비생까지….

배움의 이유는 모두 제각기 달랐지만 "자신의 목소리 변화가 삶을 긍정적인 방향으로 흘러가게 한다"는 말은 저를 스피치 교육에 더욱 전념하게 만들어준 계기가 되기도 했습니다. 목소리의 중요성을 알았다면 이미 여러분의 목소리 변화는 시작된 것입니다!

스스로 체크하는
목소리 셀프 진단법

> "예전보다 목소리가 거칠어진 것 같아요."

　목소리 교정을 위해 가장 먼저 해야 할 일은 무엇일까요? 바로 현재 나의 목소리를 정확히 들어보는 일입니다. 실제로 음성 진단을 통해 본인의 목소리를 객관적으로 듣게 되면, 대부분 굉장히 놀랍니다. 왜냐하면 나의 목소리가 어떤지 들어본 적이 거의 없고, 생각했던 것과 다르게 느껴지기 때문입니다. 목소리 교정이 정말 필요하다고 느끼는 순간이 되기도 합니

■ 목소리 셀프 진단 체크리스트

1 말을 많이 하게 되었을 때 목이 아프다. ☐

2 비염이나 축농증의 증상이 있으며, 취침 시 코로 호흡이 어렵다. ☐

3 예전보다 목소리가 거칠어진 것 같으며, 말끝에 갈라짐 현상이 있다. ☐

4 긴장하게 되면 목소리를 크게 낼 때 떨리고 말을 더듬기도 한다. ☐

5 평소 허리가 구부정하고 어깨가 올라가거나 굽은 자세를 갖고 있다고 생각한다(또는 주변 사람들로부터 자세가 좋지 않다는 이야기를 많이 듣는다). ☐

6 목소리가 힘이 없고 작은 편이며, 말끝이 흐려지고 기어들어 갈 때가 많다. ☐

7 발음이 부정확하다는 말을 듣기도 하며, 사람들이 "뭐라고요?" 하며 되물을 때가 있다. ☐

8 말투가 어린아이 같다는 말을 듣는 편이고, 콧소리가 많이 난다. ☐

9 스스로 생각했을 때 목소리에 생동감이 없어 밋밋하다. ☐

10 지금 나의 목소리 톤이 마음에 들지 않는다(너무 높아서 혹은 너무 낮아서). ☐

다. 1번부터 10번까지의 목소리 셀프 진단 항목입니다. 해당되는 부분에 체크해볼까요?

체크한 것이 많다는 것은
목소리의 변화가 더욱 기대된다는 것

고칠 것이 많다는 것은 변화도 클 것이라는 의미입니다. 이 10가지 항목은 올바른 음성관리를 하기 위해서 교정이 필요한 항목입니다. *목소리도 나이가 든다는 사실을 알고 계신가요?* 나이가 들어도 맑고 또렷한 목소리를 갖고 싶다면, 우리가 동안이 되기 위해 관리하는 것의 반이라도 노력해보세요. 충분히 가능합니다.

얼마 전 한 모임에서 중견 탤런트 선생님이 진행하는 것을 본 적이 있습니다. 이름은 기억이 나지 않았지만 라디오 진행도 했고 TV 드라마에서 많이 보았던 익숙한 얼굴이기에 유심히 보게 되었지요. 놀랐던 것은 외향적인 것은 둘째 치고 목소리가 너무 좋은 거예요! 60대 가까이로 보이는 연세였지만 목소리의 윤기가 느껴지고 톤과 억양도 어찌나 우아한지…. 그 모습에 반하고 온 기억이 있습니다.

얼마나 관리를 열심히 하신 걸까요? 충분히 우리도 그렇게 될 수 있습니다. 앞으로 하나하나 배워나가는 것들이 여러분의 목소리 노화 방지에 도움이 되리라 믿습니다. 또한 평소 나의 말투와 좋은 목소리로의 변신을 방해하는 요소들을 스스로 알아보는 계기가 될 것입니다. 비즈니스와 일상생활에서 내가 원하는 방향으로 술술 풀리는 목소리를 만들어봅시다. 목소리로 셀프 진단을 마쳤다면 목소리 변화의 첫걸음마를 뗀 것이나 마찬가지예요.

첫걸음마에서 한 가지 더 짚어볼 것은 목소리를 낼 때의 속도입니다. 앞으로 여러 원고들을 통해 목소리 훈련을 할 것입니다. 그러기 위해서 읽는 속도를 체크해보는 것도 필요합니다. 지금부터 다음 페이지의 원고를 1분 동안 읽어 보겠습니다. 그리고 타임워치를 작동해봅시다. 1분이란 시간을 체크하면서 평소 내가 읽는 대로 시작해보겠습니다.

■ 목소리 속도 진단 원고

많은 사람들이 지금보다 나은 삶을 살 수 있다는 것을 잘 알고 있다. 그럼에도 자신의 잠재력과 능력을 의심하거나, 자기 안에 거대하고 놀라운 미지의 세계가 숨어 있다는 것을 깨닫지 못하고 있다. 윌리엄 제임스는 그와 같은 사실을 다음과 같이 표현했다. "원래 우리의 모습과 비교한다면 우리는 겨우 반쯤만 깨어 있는 것이다. 우리가 가지고 있는 정신적·육체적 자원의 지극히 일부만을 사용하고 있을 뿐이다." 자신의 과거를 돌이켜 보라. 재능이 개발되던 때는 언제인가? 바로 자신이 원하는 것을 얻기 위해 노력할 때이다. 위험을 무릅 쓴 대가로 '발전'이라는 선물이 주어졌던 것이다. 현재 누리고 있는(250자) 우리의 능력과 모든 기술은 기회를 놓치지 않으려는 용기와 미지의 잔을 조심스럽게 마셔 보려는 용기에서 비롯된 것이다.(300자) 걷고, 말하고, 읽고, 쓰고, 이해하고, 다른 사람들과 어울리고, 실망과 좌절을 극복하는 법을 배우고, 음악·예술·문학·과학 혹은 운동 경기에 대한 우리의 관심을 발견하면서 달성하고 터득한 것은, 우리 자신의 한계를 뛰어넘겠다는 의지 덕분이다.

마이클 린버그 지음, 『너만의 명작을 그려라』에서

어떤가요? 1분이란 시간 동안 어디까지 읽으셨나요? 안정감 있게 들리는 속도는 1분에 250자~300자 정도입니다. (원고에 250자, 300자가 표시되어 있습니다.) 혹시 너무 빠르게 읽지는 않으셨나요? 오독, 즉 자꾸 틀리는 부분이 생기지는 않으셨나요? 내가 읽어 내려가는 속도가 너무 빠르다면 조금 천천히 말할 필요가 있습니다.

늘어지게 읽으라는 뜻이 아니라 천천히 명확하게 말하자는 뜻입니다. 너무 급하고 빠르게 말하는 습관은 상대방으로 하여금 내 성격이 급하다고 느끼게 하며, 덩달아 긴장감을 줄 수도 있습니다.

특히 오독은 습관입니다. 오독을 줄이기 위해서는 읽기 전, 먼저 눈으로 내용을 파악해야 합니다. 그리고 조금은 천천히 명확하게 읽어 내려가는 연습들을 해봅시다. 독서에는 속독이 있을 수 있지만 상대방에게 말할 때는 편안하고 배려있게 해주는 것이 좋습니다.

녹음하면 낯설게
느껴지는 내 목소리

"제 목소리는 왜 이럴까요? 목소리를 바꾸고 싶어요."

여러분은 자신의 목소리를 얼마나 잘 알고 계신가요? 요즘은 휴대폰의 '녹음' 기능으로도 충분히 나의 목소리를 잘 들어볼 수 있습니다. 혹은 음성통화 중에 나의 목소리를 녹음해서 들어보는 것도 좋은 방법이랍니다.

내가 듣는 목소리와
상대방이 듣는 내 목소리가 다른 이유

"선생님! 녹음한 후에 들어보면 제 목소리가 아닌 것 같은 기분이 들어요."

녹음한 목소리를 듣고 이렇게 말하는 친구들이 많아요. 충분히 자기의 목소리가 아니라고 느낄 수 있습니다. 다른 사람이 듣는 나의 목소리는 진동 형태로 공기를 통해 상대방의 고막을 울리면서 전달됩니다. 그러나 스스로가 말하는 것을 듣는 경우엔 공기를 통해 전달된 음파뿐 아니라 두개골에서 감지된 진동음도 함께 듣게 됩니다.

즉 자신이 말하는 것을 직접 들을 때에는 음파에 진동음이 합쳐져 더 낮거나 다르게 들리는 것입니다. 그래서 자기 목소리를 더 굵고 안정된 소리로 생각하고 듣게 되죠. 결국 녹음된 자기 목소리가 낯설게 들리는 이유는 진동음 없이 음파로만 듣기 때문입니다. *남들이 듣는 자신의 목소리는 녹음된 목소리에 상대적으로 더 가깝습니다.*

그렇기에 녹음해서 연습해보고 꾸준한 트레이닝을 통해 내가 원하는 목소리로 변신해야겠죠? 자, 그렇다면 녹음 기능을 켜고 오른쪽 페이지의 원고를 녹음해볼까요? 그리고 앞으로 훈련하게 될 실습 원고들 또한 일일이 녹음해서 들어보고 목소리의 변화를 확인하기 바랍니다!

목소리 진단 원고이기에 호흡, 발성, 발음들을 체크할 수 있는 문장들로 구성되어 있습니다. 아직 목소리 교정을 제대로 익히고 녹음하는 것이 아니기 때문에 아주 잘하려고 하지 않아도 좋습니다. 지금의 원고 녹음은 여러분의 목소리 교정 전의 음성으로, 기록을 위해 남겨두도록 하죠. 녹음한 목소리를 들어보았다면 어떤 부분이 취약한지 체크해보도록 할까요?

내 목소리를 제대로 듣고 어떤 부분이 부족한지 아는 것은 너무 중요합니다. 또한 이제 첫 시작을 한 것입니다. 사실 녹음을 하는 행위 자체가 귀찮기도 하고, 부끄럽기도 할 것입니다. 자신의 모습을 사진으로 남기거나 목소리를 녹음하는 것이 익숙하지 않은 분들이 많을 것입니다.

■ 목소리 진단 원고

외모만큼 중요한 것이 목소리가 아닐까요? 관상이 인생에 관여되듯이 목소리도 영향을 준다는 것에 대해 연구하는 사람들도 있습니다. 청각은 시각보다 훨씬 본능적이므로 대인관계에서 더 깊고 넓게 영향을 끼친다고 합니다. 상대를 대할 때, 면접을 볼 때, 자신의 목소리에 대해 생각해봅니다.

스위스에 사는 산샤이 씨는 산새들이 속삭이는 산림 숲속에서 생활하며 아침이면 새 물로 세수한다고 합니다. 또한 주변에는 샴쌍둥이가 살고 있고, 굉장한 자산의 상속자 김상속 씨의 회사인 수산물 운송수송 수색실장으로 일하고 있습니다.

라일락 향기가 짙은 곳에서 랄랄라 라라랄라 노래를 부르며 쉬는 것을 즐깁니다. 또한 가끔은 차이코프스키의 피아노협주곡을 들으며 뉴로얄 럭셔리 생활을 흉내내기도 합니다. 가만히 있으면 귀뚜라미의 귀뚤귀뚤 귀뚜르르 우는 소리가 들리기도 합니다.

■ 목소리 취약점 체크

1. 문장이 뚝뚝 끊어지는 느낌으로 호흡이 짧게 느껴지지 않나요?
2. 성량이 너무 작게 들리지는 않나요?
3. 잘 되지 않는 발음이 있다면 어떤 단어인가요?
4. 이중모음들이 명확하게 들리나요?
5. 받침발음들이 모두 명료하게 들리나요?
6. 사투리 억양이 묻어나오지 않나요?
7. 내 목소리 톤이 너무 높게 들리거나 낮게 들리지 않나요?

하지만 그 익숙하지 않은 것을 해냈다면 목소리가 달라질 가능성은 충분하다고 말씀드리고 싶습니다. 시작이 반이라는 말을 무시하지 마세요. 솔직하게 들어보는 나의 목소리에 귀를 열어주세요.

내가 원하는
목소리 설정

> "저는 지적인 이미지의 중저음 목소리를 갖고 싶어요."

자신의 목소리가 마음에 쏙 든다고 말하는 사람은 드물 것입니다. 내가 원하는 목소리와 내가 듣는 나의 목소리가 다른 경우들이 많습니다. 내가 원하는 이미지로 외모를 가꾸듯이 목소리도 내가 원하는 방향으로 이끌어볼까요?

많은 사람의 목소리를 듣는 것이 익숙해지면서, 사적인 만남을 통해 만난 사람들의 목소리에도 귀 기울여 듣게 됩니다. 하지만 본인이 교정을 원하지 않는 경우도 많기에 제가 들리는 것을 다 말하지는 않습니다.

저에게 말을 잘하는 방법을 묻는다면, 가장 첫 번째로 잘 듣는 것이라고 말하고 싶습니다. 그냥 잘 듣는 것이 아니라 섣불리 판단하지 않고, 내 마음대로 해석하지 않고 있는 그대로 잘 들어주는 것, 즉 제대로 된 경청을 해야 상대방이 원하는 바를 명확히 파악해 잘 말할 수 있는 것입니다.

목소리 교정도 마찬가지입니다. 내 목소리도 잘 듣고, 다른 사람의 목소리도 귀 기울여 들어보려고 노력해봅시다. 그리고 어떻게 들리는지 생각해보고, 어떤 부분이 좋지 못하게 들리는지도 알아볼까요? 전문가처럼은 아니겠지만 듣는 귀를 열어주기 위한 효과적인 연습입니다.

음성학적 이론에 따르면, 좋은 목소리란 맑은 목소리를 뜻한다고 합니다. 꾀꼬리처럼 맑고 명료한 발음을 가지고 있는 목소리를 좋다고 평가하는데, 그렇다면 허스키하고 매끄럽지 않은 목소리는 나쁜 목소리일까요?

좋은 목소리는 의도한대로
표현할 수 있는 목소리다

저는 일반 수강생들을 교육하면서 특정 직군의 목소리만 좋다고 강요하지 않습니다. 사람마다 자신의 개성 있는 목소리의 뿌리가 있으며, 이 목소리를 자신이 원하는 방향으로 교정하는 것이 목적일 뿐입니다.

즉 무조건 중저음의 목소리가 좋은 목소리이고, 높은 목소리는 좋지 못하다고 교육하지 않습니다. 수강생 개개인이 원하는 목소리의 목표를 먼저 파악하고, 그에 걸맞게 무리하게 성대를 사용하지 않도록 만드는 발성법과 톤 억양을 만들어주기 위한 교육인 것입니다.

때문에 제가 생각하는 좋은 목소리란, 발표나 프레젠테이션의 상황에서는 힘 있고 신뢰감 있는 억양을 사용하며 큰 성량으로 말할 수 있고, 애인과 함께하는 자리에서는 애교스러운 목소리를 낼 수 있으며, 고객과의 일대일 대화에서는 속삭이듯 호흡을 사용해 친근감 있는 목소리를 낼 수 있는, 즉 자

신이 의도한대로 표현할 수 있는 다양성을 가진 목소리입니다.

그렇다면 스스로 어떠한 목소리를 갖고 싶은지 목표를 먼저
정해봅시다. 롤모델을 정해도 되고, 연예인을 비유해도 좋습니
다. 또는 지금의 목소리에서 부족한 부분을 완화하고 싶다고
생각해도 좋습니다.

■ 나의 목소리를 듣고 교정하고 싶은 부분은?

1.

2.

3.

■ 나의 목소리 목표는?

내가 갖고 싶은 목소리는?

자, 나만의 목소리 목표를 설정했나요?

정답은 없습니다. 하지만 내가 평소 원하는 이미지를 떠올려 보세요. 비즈니스에 많이 노출되어 있는 사람일 경우, 신뢰감 있고 전문적인 이미지를 갖고 싶을 것입니다. 너무 아이 같은 목소리(아성, 아투)를 내고 있어 사람들로 하여금 어려보이는 인상이 싫다면, 아나운서처럼 성숙한 목소리를 갖고 싶을 것입니다. 또한 목소리 톤이 너무 낮아 지루하게 들린다고 생각된다면, 높고 생동감 넘치는 목소리를 갖고 싶을 것입니다.

다양함이 인정되는 사회에서 자신만의 매력적인 목소리를 갖고 싶다면 스스로 목표를 제대로 설정하고 출발하는 것이 지름길입니다. 그렇다면 이제는 올바른 목소리 사용법을 익히러 가보죠!

빠르게 지나가버리는 세월의 흐름 속에서 지켜내고 싶은 것들이 있습니다. 늙지 않는 외모, 탄력 있는 몸매…. 외형보다 중요한 것이 내면이라지만 젊음의 생기를 잃어버리기는 싫은 것 같습니다. 목소리도 나이가 듭니다. 갈라지고 거칠어지고 탁한 목소리로 변하는 것을 노력을 통해 지켜냅시다. 노력으로 가능한 일입니다.

2장

제대로
알고 가는 목소리

알면 보이는 목소리의 원리

"저는 원래 목소리가 좋지 않은데, 교정이 가능한가요?"

친구의 결혼식장에서 소개받은 지인이 공교롭게도 음성학 치료사였습니다. 저도 스피치교육원을 운영하는 터라 너무 반가워 이런저런 이야기를 하게 되었습니다. 역시나 목소리 교정의 치료와 훈련은 동일한 메커니즘이었습니다.

예전에 키즈 스피치교육을 할 때 아이의 부모님이 했던 말씀이 기억납니다. 설소대 수술을 한 초등학교 1학년 친구였는데, 음성치료병원에는 가기 싫다고 떼를 쓰지만 스피치학원은 재미있다고 더 배우고 싶다고 한다는 것이었습니다. 즉, 아이들과 마찬가지로 성인도 교육을 받을 때 재미있고 쉽게 접해야 발전된 효과를 얻을 수 있습니다. 사실 보이스 트레이닝이라는 것이 심오하고 힘든 것은 아닙니다. 트레이닝을 통해 지금의 나의 모습에서 좀더 멋진 나를 만나게 되는 계기가 될 것입니다.

목소리가 만들어지는
4개의 발성기관

우리의 목소리, 음성은 사람이 발성기관을 통해 내는 소리를 말합니다. 사람의 발성기관은 4개이며, 즉 4개의 발성기관에 의해서 목소리가 만들어집니다. 폐는 발생기가 되어 공기를 올려주고요, 그다음에는 목 안에 있는 후두 내의 성대가 진동을 합니다. *손을 목에 가져다 대어볼까요? 소리를 낼 때마다 떨림이 느껴질 겁니다. 소리가 나오는 이유는 바로 성대가 진동하기 때문입니다.*

▪ 발성 메커니즘

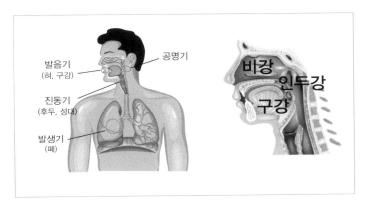

발음기
(허, 구강)

공명기

진동기
(후두, 성대)

발생기
(폐)

비강

인두강

구강

즉 이 성대가 1초에 몇 번 진동하느냐에 따라 소리가 달라집니다. 일반적으로 남성의 경우 진동수가 100~150번 정도고, 여성의 경우 200~250번 정도라고 합니다. 이 차이는 성대 구조가 다르기 때문이기도 합니다. 남자의 신체 구조상 성대의 길이가 길고 넓으며 두껍고, 인두강 역시 마찬가지입니다. 그래서 남자들이 굵은 소리를 내는 반면, 여성 성대의 경우 가늘고 얇으며 짧고 인두강 역시 좁고 짧기에 높은 음을 만들어낸다고 합니다. 그렇다면 성대에 대해 좀더 자세히 살펴보도록 하겠습니다.

■ 성대의 작용 원리

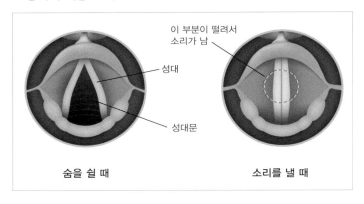

이 부분이 떨려서
소리가 남

성대

성대문

숨을 쉴 때   소리를 낼 때

우리의 성대는 숨을 쉴 때 열려 있습니다. *성대는 얇은 근육으로 이뤄져 있는 기관, 근육으로 이루어졌기 때문에 목소리도 노력하면 바뀔 수 있습니다.* 사람이 말을 할 때마다 성대는 초당 여러 번 열고 닫히기를 반복하는데요, 이 근육들의 마찰로 인해 소리는 만들어집니다.

이렇게 목소리를 낼 때 중요한 역할을 하는 성대, 당연히 관리가 필요하겠죠? 성대를 손상하게 만드는 좋지 못한 습관을 빨리 고치는 것이 내가 원하는 목소리를 만드는 시작입니다.

잘못된 습관으로
성대가 상한다?

"저는 왜 목소리를 크게 하면, 목이 아픈 걸까요?"

평소 말을 많이 할 때 목이 아프다면, 성대를 무리하게 사용하고 있는 것은 아닌지 체크해볼 필요가 있습니다. 성대가 서로 닿아 진동해야 목소리가 나오는 것이죠. 그렇다면 큰 목소리를 낼 때 생목으로 소리를 지르게 된다면 당연히 성대가 심하게 사용되어 상처가 나고 굳은살이 생기게 되겠죠? 반복적으로 성대를 심하게 사용한다면 성대결절이 올 수도 있습니다.

유명한 가수들의 경우 성대를 두껍게 사용해서 본인만의 특유의 목소리를 만들어내기도 합니다. 자신만의 창법을 만들어내는 과정이기도 하죠. 우리는 성대의 결절이 생기지 않도록 올바르고 안정적으로 성대를 사용할 필요가 있습니다.

음성학적으로 좋은 목소리란, 발성 시에 성대가 충분히 닫혀짐으로써 적절한 성대의 진동이 이루어지고 잡음이 없는 상태를 말합니다. 즉 허스키하거나 쇳소리가 나는 것이 아닌 '맑은 목소리'를 뜻하죠.

성대를 무리하게 사용하는 습관 버리기

한 종편 방송에 뮤지컬 배우 옥주현 씨가 출연한 적이 있습니다. 옥주현 씨는 자기 관리가 철저하기로 유명한데요, 평소 노래로 연기를 하는 직업인만큼 성대 관리를 위해 마사지를 자주 한다고 합니다. 함께 나온 출연진들에게도 후두마사지를 직접 시연해주면서 웃음을 유발하기도 했습니다. 숙련된 손길로 후두마사지를 하다 보니 출연진들은 아프기도 하고 시원하기도 하다며 탄성을 자아내기도 했습니다.

　기본적으로 몸이 허약한 체질의 사람이 있듯이, 성대 또한 강한 사람과 약한 사람이 있습니다. 말을 많이 하는 직업이라면 특히 성대의 관리는 중요합니다. 후두마사지와 목 근육 스트레칭의 경우, 긴장된 목과 성대 주변 근육을 이완시켜 줄 수 있습니다.

■ 성대 관리 노하우

1. 성대가 마르지 않도록 충분한 수분 공급을 위해 미지근한 물을 많이 마셔야 합니다.
2. 성대에 무리를 주는 잦은 헛기침은 삼가주세요.
3. 성대에 손상을 줄 수 있는 잘못된 발성으로 소리를 지르지 마세요.
4. 말을 지나치게 많이 해 목이 따끔거리고 아플 때는 입을 닫고 말을 하지 않는 상태로 휴식을 취하는 것이 좋습니다.
5. 흡연은 건조한 연기로 인해 성대의 수분을 빼앗아가며, 그 상태에서의 뱉는 헛기침과 가래는 성대를 심하게 상하게 만들 수 있습니다.

발성에 도움이 되는 마사지와 스트레칭을 꾸준히 한다면 목소리 개선에 큰 도움이 될 것입니다. 집에서도 편하게 따라 할 수 있는 후두마사지와 목 근육 스트레칭을 지금부터 한번 해볼까요?

후두마사지 3단계

1. 자세는 바르게 정면을 봐도 좋습니다. 엄지와 검지로 성대 안쪽 1cm를 잡습니다. 그리고 사진에 표시된 선 부분으로 위에서 아래로 천천히 돌리듯 마사지를 합니다.

2. 마찬가지로 정면을 보는 자세로 손바닥을 넓게 편 후 목 전체를 감싸듯 잡고 사진에 표시된 선 부분을 위에서 아래로 살살 눌러주면서 마사지를 합니다.

3. 같은 자세로 이번에는 엄지와 검지로 성대 안쪽 1cm를 잡고 사진에 표시된 선 부분을 좌우로 천천히 움직입니다.

목 근육 스트레칭 4단계

1. 허리를 세운 상태에서 고개를 오른쪽 방향으로 지긋이 누르고
   5초간 유지합니다. 반대로 왼쪽 방향으로 지긋이 누르고 5초간
   유지합니다.

2. 엄지손가락 두 개를 모아서 턱 끝에 댄 뒤에 고개를 뒤쪽으로 젖
   히고 5초간 유지합니다.

3. 고개를 아래쪽으로 향하게 한 뒤에 양손으로 지긋이 누르고 5초
   간 유지합니다.

4. 마지막으로 정면을 바라본 상태에서 턱을 손가락으로 살며시 누
   르며 5초간 유지합니다.

목소리를
잘 들리게 하는 방법

> "목소리가 작아서 잘 들리지 않는대요."

기억에 오래도록 남는 수강생이 있습니다. 부모님과 함께 학원을 찾은 대학생 친구였습니다. 보기에도 내성적이고 숫기가 없는 친구인 것 같았습니다. 그리고 상담을 진행하면서도 본인이 아닌 부모님이 거의 말을 했습니다. 우리 아이가 집에서도 말이 없고 내성적인데 학교생활을 잘할지에 대한 우려와, 사회생활에서 말하기가 중요하다고 하는데 걱정이라고 하소연하기도 했습니다. 상담을 위해 목소리 진단과정에서 들어보니 부모님의 염려가 이해가 되었습니다. 정말이지 옆에서 귀를 가까이 대고 있어야 들릴 정도로 지나치게 작은 목소리의 학생이었어요.

■ 작은 음성의 이유

1. 소리의 문, 입의 크기가 유난히 작은 경우
2. 소리를 입안에서만 내려고 하는 경우
3. 큰 목소리를 낼 때 목에 힘을 주고 고함을 지르려고 하는 경우
4. 큰 소리를 내본 경험이 없는 경우

또한 목소리를 변화시키겠다는 의지도 부족해보였습니다. 대부분의 대학생은 직접 학원을 찾아 상담을 오는 것이 일반적인데, 부모님에게 이끌려서 온 것 같았거든요. 그런데 이 학생이 기억에 남은 이유는 저의 걱정이 기우였을 정도로 변화가 큰 수강생이 되었기 때문입니다.

사실 목소리 교정을 위해 학원을 찾는 것은 변화의 가장 첫 시작이라고 볼 수 있어요. 즉 목소리 교정을 위해 이 책을 보는

여러분들의 변화는 시작되었다고도 자부할 만큼 '마음가짐'은 매우 중요합니다. *목소리의 변화는 굉장히 어색하고 불편합니다.* 기존에 내가 아닌 다른 사람이 된 것 같은 생각이 들 정도로 신경을 써야 하고, 배운 것들을 활용하기 위한 노력이 뒷받침되어야한다는 말이죠. 그 노력을 위해서는 먼저 잘 들리는 목소리로, 소리를 깨우는 것이 필요합니다.

목소리에 힘이 없으면
목소리가 기어들어간다

목소리가 먹는 음식인가요? 무엇을 먹고 무엇을 뱉을까요? 소리가 나아가야 할 방향은 뒤가 아니라 바로 앞이겠죠! 먹어들어가는 소리라는 뜻은, 목소리가 앞으로 향하면서 전달되는 것이 아니라 우물쭈물 기어들어가는 목소리라고 할 수 있습니다. *소리를 먹거나 뱉을 수는 없지만, 중요한 점은 목소리에는 힘이 있어야 한다는 것입니다.* 그리고 목소리에 힘이 없다는 뜻은 근육으로 이뤄진 성대에 힘이 없다고 할 수 있겠죠. 힘이 없는 목소리, 기어들어가는 목소리는 다소 소극적이고 자신

없는 느낌으로 보여질 가능성이 매우 많습니다.

목소리의 힘을 기르기 위해서는 허밍을 연습해보는 것이 필요합니다. 허밍이란 입을 다물고 소리를 낸다는 뜻인데, 발성 용어로 많이 쓰입니다. 몸의 긴장을 풀면서 허밍 연습을 한 번 해봅시다. 입을 꽉 다물고 있는 것이 아니라, 위아래의 입술을 가볍게 맞대고 머리와 가슴의 진동까지 느끼면서 연습해보세요. 입술에 진동이 느껴지도록 힘차게 허밍해봅시다.

연습 방법으로는 하루에 한 곡씩 본인이 원하는 노래를 허밍으로 불러보는 것인데요, 입을 가볍게 닫고 혀는 아래쪽으로 내려서 입안을 둥글게 만든 뒤에 "흠~~"하고 허밍을 해보는 것입니다. 노래를 부르기 어렵다면 "도레미파솔라시도" 음계만 허밍해보는 것도 좋습니다. 꾸준하게 허밍하며 목소리의 힘이 생길 수 있도록 연습합시다.

몸으로 내는
목소리 ⎯⎯⎯⎯⎯⎯⎯⎯⎯⎯⎯⎯⎯⎯⎯⎯⎯⎯⎯⎯⎯⎯⎯⎯⎯⎯

> "몸에 힘이 없고, 자세가 좋지 않다는 이야기를 많이 들어요."

　발표를 하기 위해 연단에 서 있는 사람들의 모습을 유심히 보세요. 자세가 좋지 않은 사람들이 좋은 목소리를 갖고 있는 경우를 본 적이 있나요? *바른 자세는 올바른 발성의 기본이 됩니다.* 하루에 절반 이상을 컴퓨터 앞에 앉아 있거나 스마트폰으로 인해 무너진 자세를 가진 현대인들이 많습니다. 또 한쪽 다리만 굽히며 서 있는 경우도 있습니다. 건강을 위해 자세가 중요하다는 말을 많이 듣겠지만, 좋은 목소리를 내기 위해서도 자세는 무척 중요합니다.

쌍둥이 형제가 학원을 찾아와 수업을 의뢰한 적이 있었습니다. 두 친구는 쌍둥이라 그런지 외모만 닮은 것이 아니라 목소리도 닮아 있었습니다. 부정확하게 웅얼거리는 발음부터 뚝뚝 끊어지는 호흡에 무슨 말인지 알아듣기가 어려울 정도였죠. 그런데 참 신기한 것은 걸음걸이부터 힘이 없고, 자세가 좋지 않았다는 것입니다. 워킹 훈련을 하며 목소리 교정을 시작하자

■ 나쁜 자세 체크리스트

1	항상 턱이 너무 들려 있는 자세	☐
2	어깨가 굽어있거나 올라간 자세	☐
3	머리가 앞으로 쏠려 있거나 뒤로 젖혀진 자세	☐
4	잔뜩 긴장한 느낌으로 경직된 자세	☐
5	아랫배가 나와 있으며 너무 이완된(풀어진) 자세	☐

조금씩 변화가 생기기 시작했습니다.

이 체크리스트에 하나라도 해당된다면 자세를 교정할 필요가 있습니다. 아주 심한 경우 척추교정이나 전문적인 자세교정이 필요하겠지만, 평소에 조금만 더 신경을 쓰고 올바른 자세를 갖추려는 노력을 먼저 해볼까요?

■ 좋은 목소리를 위한 올바른 자세

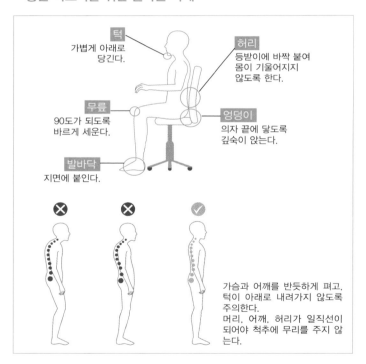

턱
가볍게 아래로
당긴다.

허리
등받이에 바짝 붙여
몸이 기울어지지
않도록 한다.

무릎
90도가 되도록
바르게 세운다.

엉덩이
의자 끝에 닿도록
깊숙이 앉는다.

발바닥
지면에 붙인다.

가슴과 어깨를 반듯하게 펴고,
턱이 아래로 내려가지 않도록
주의한다.
머리, 어깨, 허리가 일직선이
되어야 척추에 무리를 주지 않
는다.

목소리 건강을 결정짓는
자세의 차이

앞서 말했듯이 목소리를 교정하기 위해서는 직접 목소리를 내며 말하는 연습이 필요합니다. 그러기 위해 다양한 원고들로 트레이닝을 하게 됩니다. 편안하고 늘어진 자세로 수업을 듣던 수강생들도 훈련을 받으며 원고를 읽어내려 갈 때는 바른 자세로 실습하는 모습을 보게 됩니다. 또한 목소리 트레이닝 전후 영상을 비교해보면 자세에서부터 확연히 달라진 모습을 확인할 수 있습니다.

음성학자들은 불균형하고 흐트러진 자세가 음성질환의 원인이 되기도 한다고 말합니다. 그 이유를 따져보면 자세는 호흡과 공명, 성대 접촉 등 음성기관에 영향을 미칠 수밖에 없기 때문입니다.

습관적으로 구부정한 자세를 취하면 발성을 돕는 설골, 갑상연골 주변의 근육이 늘어나거나 경직되면서 성대 결절을 일으킬 수도 있습니다. 또한 등과 어깨가 굽은 자세에서는 호흡조절 능력이 감소할 수밖에 없으며, 잘못된 자세에서는 목청으로만 찢어지게 소리를 낼 수 있어 성대의 피로감 또한 더해질 수 있습니다. 이제는 본격적으로 바른 자세를 유지하면서 좋은 목소리의 기본기를 다져보도록 하겠습니다.

보이스 트레이닝이라는 것이 심오하고 힘든 것은 아닙니다.

트레이닝을 통해 지금의 나의 모습에서

좀더 멋진 나를 만나는 계기가 될 것입니다.

아침방송에서 음성전문의 선생님들이 복식호흡의 중요성에 대해 이야기하는 것을 본 적이 있을 겁니다. 좋은 목소리를 위해서는 복식호흡이 반드시 필요합니다. 긴장했을 때의 목소리 떨림부터 대화에서 공감대를 불러일으키는 감정의 소통까지. 지겹도록 들어온 복식호흡을 이번에 제대로 이해하고 알아봐요.

3장

좋은 목소리의
기본기

지겹게 들어온
복식호흡

> "긴장하면 목소리가 너무 떨려요."

남녀에 관계없이 긴장하게 될 때 목소리 떨림을 한 번쯤은 느껴보셨을 겁니다. 여성의 경우 목소리가 가늘고 높은 경우에는 긴장했을 때 염소 소리를 내는 경우가 많은데요, 저는 그 염소 소리를 가장 잘 내는 사람이기도 했습니다. 프리랜서 방송인으로 활동하면서 생방송을 할 때의 긴장감은 목소리 떨림으로 여실히 드러나기도 했습니다. 그때 제일 후회했던 것은 '프

> ■ 복식호흡을 사용해야 하는 이유
>
> 1. 긴장이 되어도 목소리가 떨리지 않아요.
> 2. 빠른 말의 속도를 잡아줘요.
> 3. 발표나 말하기 상황에서 긴장감을 풀어줘요.
> 4. 목소리의 성량 조절에 도움을 줄 수 있어요.
> 5. 음색이 깊어지고 감정 표현에 능숙해져요.

로 세계로 나오기 전에 호흡 훈련을 좀 더 열심히 해둘걸…'이라는 것이었습니다.

평소 우리는 짧게 호흡하는 흉식호흡에 익숙합니다. 흉식호흡이란 가슴으로 호흡하는 것을 뜻합니다. 전력질주로 달리기를 하고 난 후에 쉬는 숨에 가깝죠. 하지만 말을 할 때는 복식호흡을 사용하는 것이 좋습니다. 복식호흡은 사실 굉장히 부자연스러운 호흡법입니다.

일반적으로 우리가 신경 쓰지 않는다면 평생 흉식호흡을 하게 되겠죠. 흉곽과 어깨가 올라가고 배가 들어가는 호흡을 하게 됩니다. 이 호흡법이 잘못되었다는 것이 아니라, 말을 할 때

■ 복식호흡의 원리

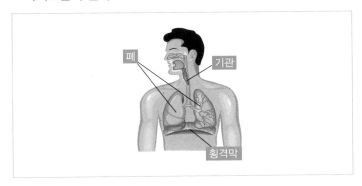

가장 이상적이고 효율적인 호흡인 복식호흡을 사용해보자는
뜻입니다.

복식호흡은 횡격막의 수축과 이완을 통해 얻어지는 호흡이
기에 횡격막호흡이라고도 합니다. 흔히 복식호흡을 하면 배가
나오게 된다고 하죠. 그 이유는 호흡을 길게 들이마시면서 횡
격막 하강에 따라 내부장기들이 아래로 눌리는 현상 때문입
니다.

복식호흡을 하지 않게 되면 나이가 들어갈수록 횡격막은 아
래로 하강하게 되어 힘없는 근육으로 변하게 됩니다. 하지만

복식호흡을 익숙하고 꾸준하게 연습한다면 횡격막이 아래로 처지는 속도를 늦출 수도 있게 되겠죠.

목소리의 힘을 실어주는
배 호흡법

아주 쉽게 말해서, 가슴으로 호흡하지 말고 배 호흡법인 복식호흡을 사용해봅시다. 갓난아이들이 우는 모습을 본 적이 있으시죠? 힘차게 울어대는 모습을 보면 배가 많이 움직이는 것을 볼 수 있습니다. 우리는 이렇게 어린아이였을 때 복식호흡을 하다가 점점 나이가 들어감에 따라 그 호흡법을 잊어버리게 됩니다. 성대를 안정적으로 사용하기 위해서도 복식호흡은 꼭 필요합니다.

복식호흡을 쉽게 느끼기 위해서는 먼저 첫 번째, 앞에 볼펜을 들어볼까요? 그 볼펜이 꽃의 줄기라고 생각하고, 볼펜 끝에 꽃잎이 마구 달렸다고 상상해봅시다. 그리고 꽃잎들을 다 떨어뜨리겠다는 생각으로 힘차게 "후" 하고 불어볼까요?

두 번째, 휘파람을 불어봅시다. 소리가 나지 않아도 좋습니다. 최대한 열심히 휘파람을 불어볼게요.

이 2가지를 모두 해봤다면, 꽃잎 떨어뜨리기와 휘파람불기를 할 때 우리 신체의 어디에 호흡이 들어가고 빠져나가는지 느끼셨나요? 배안에 호흡이 들어가고 빠지는 것을 느꼈나요? 이것이 바로 아주 자연스러운 복식호흡입니다.

누구나 따라할 수 있는
I호흡과 L호흡 ⎯⎯⎯⎯⎯⎯⎯⎯〰️⎯⎯⎯

> "복식호흡을 어떻게 연습해야 할까요?"

목소리의 힘은 결국 호흡의 힘이기도 합니다. 앞서 복식호흡에 대해 충분히 이해했다면, 이제부터는 직접 느끼며 해볼 수 있어야 합니다. 지겹게 들어왔던 복식호흡을 매번 목소리를 낼 때 활용하지 못하고 있다면 얼마나 아쉬운가요? 또한 이론적 부분을 명확히 알지만 연습을 하는 방법을 모른다면 그간 배운 것이 너무 아깝지 않을까요?

복식호흡을 배웠다고 해서 바로 활용해보기 위해 집에서 큰 소리를 내며 연습하는 것은 무리가 있습니다. 전문가 없이 올바로 활용하고 있는지 확인조차 하지 못한 채 연습하는 것은 자칫 성대를 손상하게 만들 수도 있습니다.

최소 15초 이상 내뱉을 수 있는
안정적인 호흡

■ 복식호흡 방법

첫 번째, 등과 어깨를 바르게 편 자세를 취합니다.
두 번째, 한쪽 손은 가슴에, 한쪽 손은 배꼽 아래지점 배 위에 가져다 놓습니다.
숨을 들이마실 때 가슴이 올라가지 않도록 합니다.
세 번째, 코로 숨을 들이마시고 입으로 호흡을 내뱉습니다.
일정한 양의 호흡이 균일하게 나올 수 있도록 "스∼" 하고 내뱉습니다.
네 번째, 숨을 들이 마실 때는 배가 부풀어 오르고, 내쉴 때는 배가 들어갑니다.
다섯 번째, 내뱉는 호흡을 최소 15초 이상 할 수 있도록 연습합니다.

수업시간 복식호흡법을 연습하고도 집에서 연습할 때면 잘 모르겠다고 하는 수강생이 참 많았습니다. 또한 이론적 원리를 이해하고도 복식호흡을 연습할 때 몸으로 잘 느끼지 못하는 수강생도 많았습니다.

그래서 복식호흡을 연습할 때 처음에는 '누워서 연습하기'를 권합니다. *여러분이 쉽게 기억할 수 있도록 누워있는 자세로 비유해 일명 I호흡이라고 말합니다.* I호흡법으로 연습한다면 몸이 기억하기에 빠르게 습관화할 수 있습니다. 우리에게 익숙하지 않지만 갓난아이 때의 호흡을 기억하며 아주 편하고 익숙하게 연습해봅시다.

■ I호흡법과 L 호흡법

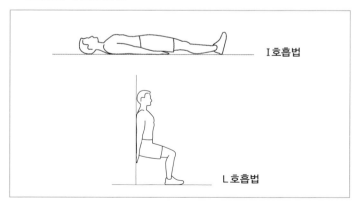

저는 목소리 교정 수업을 진행할 때 느낌을 중요하게 생각하는 편입니다. 즉 실습해보면서 어떤 느낌을 갖게 되는지, 올바르게 연습했을 때는 어떠한 상태이고 느낌인지 스스로 깨닫는 것이 교육 습득에 효과적이라고 생각합니다. 결국 목소리 교정은 일상에서 본인이 원하는 목소리로 표현과 활용이 가능하도록 트레이닝 되어야 합니다.

가장 기본이면서 중요한 복식호흡을 제대로 느껴보세요. I호흡시에는 배 위에 두꺼운 책을 올려두어도 좋습니다. 책이 올라가고 내려가는 움직임을 보면서 호흡을 잘하고 있는지 체크하면 좋습니다.

서서 연습하게 되는 경우에는 그림의 아래처럼 벽에 기대어 기마자세를 취한 L호흡을 권해드립니다. 과거의 우리가 벌을 섰을 때의 자세라고 생각할 수도 있지만 근력운동을 하기 위한 자세이기도 합니다.

횡격막의 수축과 이완 운동은 눈으로 보이지가 않습니다. 그렇기에 복식호흡이 잘될 수 있도록 최대한 몸의 방향이나 기운이 아래로 내려갈 수 있는 자세를 취하면서 실습하는 것이 좋습니다. 호흡이 더 길어질 수 있도록 조금씩 반복적으로 내쉬는 숨을 길게 연습해봅시다.

■ 안정적인 호흡 연습법

7초 들이마시기 / 7초간 잠시 멈춤 / 7초간 내쉬기
2초 들이마시기 / 7초간 잠시 멈춤 / 12초간 내쉬기
4초 들이마시기 / 7초간 잠시 멈춤 / 15초간 내쉬기
8초 들이마시기 / 7초간 잠시 멈춤 / 16초간 내쉬기

단단하고 힘 있는
슈퍼맨 발성법 ─────────〜||||〜─────

"저는 왜 말이 더듬더듬 나올까요?"

본의 아닌 거짓말로 변명이나 핑계를 댈 때면 말을 더듬었던 기억이 납니다. 아마 심리적인 압박감으로 인해 말을 더듬게 되었던 것이 아닌가 싶습니다. 이렇게 긴장과 심리적 압박이 더해진다면 발성기관 또한 긴장이 될 수밖에 없습니다. 말을 더듬게 되면 자연히 호흡이 불규칙적으로 빨라지며, 전달력 있는 발성과 정확한 발음을 구사하기도 어렵게 됩니다.

말소리에도
에너지를 담자

발성(發聲)이라는 한자어는 말 그대로 소리를 낸다는 뜻입니다. 좋은 목소리의 기본인 호흡법을 배웠다면, 이제는 말소리에 에너지를 담아 전달하는 연습이 필요합니다. 좋은 예가 되는 말소리의 에너지가 가득 담긴 배우를 본 적이 있습니다. 바로 고현정이라는 배우입니다. 지금도 카리스마 있는 연기로 인기가 많지만 당시 드라마 촬영현장에서 실제로 보았을 때 더욱 실감하게 되었습니다.

아름다웠던 외향적 이미지보다 더 놀랐던 것은 에너지가 가득한 그녀의 힘 있는 목소리였습니다. 상대를 장악하다 못해 현장을 압도하는 파워풀한 성량은 멀리서도 본인이 보여주려던 배역의 감정과 대사 표현이 고스란히 전달되었습니다.

목소리에 에너지가 생기면 달라집니다. 회사에서 인정받는 과장인 여성분이 학원을 찾았습니다. 소극적이고 힘없는 목소리로 인해 인사고과에서 저평가를 받는다는 이유 때문이었습니다. 실제로 이 수강생의 경우 자신의 매력적인 목소리를 제대로 활용하지 못하고 기어들어가듯이 말하는 습관이 있었습니다. 하지만 조금씩 목소리를 깨우는 훈련을 통해 이미지부터 180도 달라지기 시작했습니다.

소리를 깨우기 위해서는 입안 동굴을 활용할 수 있어야 합니다. 최대한 넓고 큰 동굴에서 전달력 있는 목소리를 내기 위해 뒷입천장(연구개)을 살짝 들고, 혀는 아래로 내려 둥글게 소리를 내보세요. 목소리는 납작하게 성대를 누르면서 나오는 것이 아니라, 호흡 위에 얹혀서 나와야 합니다.

■ 발성시 입안 동굴 모습

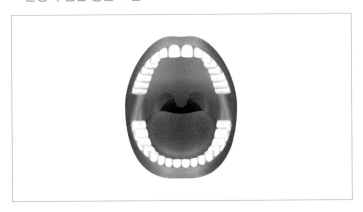

'ㅎ'은 호흡이 나오는 음가입니다. '하면/하자/해서' 모두 호흡이 밖으로 나오면서 소리납니다. 그래서 "하"로 발성연습을 하게 되면 성대를 좀더 안정적으로 사용할 수 있게 됩니다. 최대한 어깨와 목, 턱에 힘을 빼주세요. *복식호흡을 연습하며 "스" 하고 내뱉었던 호흡을 "하" 하고 소리 내어 연습해주세요.*

■ "하"로 발성연습

7초 들이마시기 / 7초간 하〜〜〜〜〜〜〜〜 발성

2초 들이마시기 / 12초간 하〜〜〜〜〜〜〜〜〜 발성

4초 들이마시기 / 15초간 하〜〜〜〜〜〜〜〜〜〜 발성

8초 들이마시기 / 16초간 하〜〜〜〜〜〜〜〜〜〜〜 발성

하지만 복식호흡이 잘되지 않고 몸에 힘이 가득한 채로 연습을 계속하게 된다면 목이 금방 잠겨버릴 수도 있습니다. 이때는 슈퍼맨 발성법을 사용해보세요. 스 · 타 · 카 · 토로 연습해봅시다.

슈퍼맨 발성법

슈퍼맨 발성법은 매우 간단합니다. 7초 들이마시고, 7초간 "하"를 발성하면 됩니다.

"하! 하! 하! 하! 하! 하! 하! 하! 하! 하!"

■ 슈퍼맨 발성법

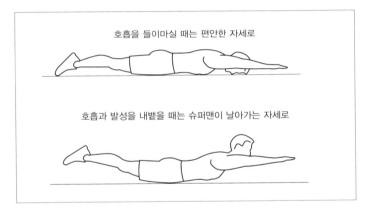

호흡을 들이마실 때는 편안한 자세로

호흡과 발성을 내뱉을 때는 슈퍼맨이 날아가는 자세로

밖으로 소리가 전달되기 위해 배의 인위적인 압력을 가해서 힘 있는 소리를 낼 수 있도록 돕는 방법입니다. 여기서 헷갈리지 말아야 할 것이 있습니다. *숨을 들이마실 때는 배가 나오고, 소리를 낼 때는 배가 들어가야 합니다.*

울림을 주는
꿀성대 비법 ————————⎯⎼⎯⎼⎯

> "공명감 있는 목소리는 어떻게 만들면 되나요?"

요즘은 인터넷 검색을 통해 무수히 많은 정보가 쏟아집니다. 스피치 전문가부터 시작해서 보컬 코치까지 음성학에 대한 이론과 실습법이 많이 노출되어 있죠. 개인적으로 음성학 연구를 통한 새로운 접근방식을 매우 환영하며, 더 좋은 훈련법이 있다면 응용하고 싶을 정도로 전문가들의 의견을 존중합니다. 다만 목소리를 교정하고 싶어 하는 모든 사람이 아주 쉽게 이해할 수 있도록 알려줘야 한다고 생각합니다.

'공명'이란 말을 들어보셨을 겁니다. 많은 음성 전문가들 또한 공명감 있는 목소리의 중요성을 언급하며 다양한 훈련법들을 내놓습니다. 공명을 설명할 때 "우리 얼굴에 있는 뼈의 빈 공간에 진동 울림을 주고 그 공간에서 소리를 증폭시킨다"라고 이야기합니다. 그러나 무슨 말인지 이해가 되시나요? 너무 어려운 이야기라고 생각하지 않으시나요?

아주 쉽게 설명해서 '공명감 있는 목소리'란 고음이나 저음을 낼 때에 멀리 울려 퍼질 수 있는 소리라고 말씀드리고 싶습니다. 즉 공명감 있는 목소리를 내기 위해서는 풍부한 발성이 뒷받침되어야 합니다.

울림 있는 꿀성대 훈련 1: 말다트 던지기

목소리를 멀리 울려 퍼질 수 있도록 만드는 훈련법입니다. 앞에 과녁이 있다고 생각하고 나의 목소리를 화살이라고 생각해보세요. 화살을 앞으로 던져서 과녁에 맞추기 위해 멀리 보낸다는 생각으로 말을 던져보세요.

하나! 둘! 셋! 넷! 다섯! 여섯! 일곱! 여덟! 아홉! 열!

일! 이! 삼! 사! 오! 육! 칠! 팔! 구! 십!

도! 레! 미! 파! 솔! 라! 시! 도!

수! 금! 지! 화! 목! 토! 천! 해!

울림 있는 꿀성대 훈련 2: 긴 호흡으로 시조 읽기

　15초 이상 내쉴 수 있는 호흡을 안정적인 호흡이라고 할 수 있습니다. 호흡을 길게 활용할 수 있을 때 울림 있는 소리를 갖게 됩니다. 오른쪽 예문의 // 표시에서 숨을 쉬어줍니다. 시조인 만큼 음절 하나하나를 호흡으로 밀어내듯 천천히 낭독해주세요. 점점 호흡을 길게 사용하는 연습을 해봅시다.

■ 울림을 주는 긴 호흡 훈련

산속 바위 아래 // 초가집을 짓노라 하니 //

이유 모를 남들은 웃는다 한다마는 //

어리석은 시골뜨기 생각으로는 내 분수인가 하노라 //

보리밥과 풋나물을 알맞게 먹은 후에 //

바위 끝 물가에서 실컷 노니노라 //

그 밖에 일들이야 부러워할 리가 있으랴 //

잔 들고 혼자 앉아 먼 산을 바라보니 //

그리운 임이 온다 한들 반가움이 이보다 더하랴 //

말씀도 웃음도 없지만 마냥 그를 좋아하노라 //

.

.

.

강산이 좋다 한들 내 분수로 누워있겠느냐 //

님의 은혜를 이제 더욱 알겠노라 //

아무리 갚고자 하여도 갚을 길이 없구나 //

윤선도의 '만흥(漫興)'에서

오독을 없애는 쉼,
여유를 표현할 수 있는 목소리

　이제까지 안정적인 말의 속도, 호흡, 발성까지 좋은 목소리의 기본기를 익혀보았습니다. 좋은 목소리를 활용하고 표현하기 위해 중요한 것 중 하나는 오독을 줄이는 것입니다. 지나친 오독은 말을 더듬는 현상으로 보일 수도 있습니다. *오독은 잘못 읽거나 틀리게 읽는다는 뜻인데요, 오독은 습관입니다.*

　오독을 줄이기 위해서는 첫째, 소리 내어 읽기 전에 내용 파악을 위해 눈으로 먼저 읽어 내려갑니다. 둘째, 쉼과 여유의 공간을 체크합니다. 끊어 읽기를 할 때는 주어＋목적어＋서술어 사이를 띄어 읽는 것을 기준으로 하며, 문장과 문장 사이를 띄어 읽을 때는 다른 곳보다 조금 더 길게 띄어 읽도록 합니다. 셋째, 최대한 집중해 천천히 정확하게 소리 내어 읽어보세요. 이 순간만은 좀더 집중해보세요. 또한 급하게 읽어 내려가기보다 정확하게 천천히 읽는 것이 중요합니다.

■ 목소리 진단 원고 중간점검

외모만큼 중요한 것이 / 목소리가 아닐까요? //

얼굴 관상이 인생에 관여되듯이 / 목소리도 영향을 준다는 것에 대해 / 연구하는 사람들도 있습니다. // 청각은 시각보다 훨씬 본능적이므로 / 대인관계에서 더 깊고 넓게 영향을 끼친다고 합니다. // 상대를 대할 때, / 면접을 볼 때, / 자신의 목소리에 대해 생각해봅니다. //

스위스에 사는 산샤이 씨는 / 산새들이 속삭이는 살림 숲속에서 생활하며 / 아침이면 새물로 세수한다고 합니다. // 또한 주변에는 샴쌍둥이가 살고 있고, / 굉장한 자산의 상속자 김상속 씨의 회사인 / 수산물 운송수송 수색실장으로 일하고 있습니다. //

라일락향기가 짙은 곳에서 / 랄랄라 라라랄라 노래를 부르며 쉬는 것을 즐깁니다. // 또한 가끔은 차이코프스키의 피아노협주곡을 들으며 / 뉴로얄 럭셔리 생활을 흉내내기도 합니다. // 가만히 있으면 귀뚜라미의 / 귀뚤귀뚤 귀뚜르르 우는 소리가 들리기도 합니다. //

유난히 귀에 쏙쏙 들어오는 목소리가 있습니다. 되묻지 않아도 충분히 알아들을 수 있도록 말하는 사람이겠죠. 우리는 그런 사람들을 "전문적이다"라고 말하기도 하고 "참 야무지다"라고 표현하기도합니다. 똑 부러지게 말하기 위해서는 정확한 발음이 뒷받침되어야 합니다. 분명한 발음은 당신의 '어떤 말'도 신뢰감 있게 만들 것입니다.

4장

똑 부러지는
목소리

발음이 정확히
들리지 않는 이유 ꟷꟷꟷ〰️ꟷ

> "저는 혀가 너무 짧은 것 같아요."

어느 날 상담실에 아주 말끔히 차려입은 남자분이 들어오셨습니다. 호남형으로 훤칠하게 큰 키와 중후함까지 느껴지는 분이었습니다. 가볍게 목례를 나눈 뒤 상담지를 적어 내려가는 그분을 보면서 어떤 말하기의 어려움이 있어서 학원을 찾았을까 하는 궁금함이 생겼습니다.

직업란의 ○○대표라는 글귀가 그분과 무척 잘 어울린다는 생각을 할 때 그분이 말했습니다. "턴댕님, 더는 혀가 너므 땳은거 가타여…." 더이상 말하지 않아도 그분이 왜 학원에 오셨는지 너무나도 정확히 알게 되었습니다.

연예뉴스면에서 유명배우의 부정확한 발음으로 인한 연기 논란 기사를 한 번쯤은 보셨을 거라 생각합니다. 전달력이 떨어지는 배우의 부정확한 발음은 시청자들로 하여금 몰입도를 떨어뜨려 연기에 대한 집중도를 잃게 하기 때문입니다. 부정확한 발음으로 인한 집중도 상실은 비즈니스 상황이나 일상생활에서도 예외는 없습니다.

보통 어린 시절부터 발음을 할 때의 잘못된 입 모양과 혀의 위치 및 발성 습관의 반복은 부정확한 발음의 시초가 됩니다. 어린 시절에 만들어진 습관은 쉽게 고치기 힘든 것이 사실이기도 합니다. 하지만 습관을 바꾸기 위한 노력만 있다면 발음은 충분히 명확해질 수 있습니다. 다음 원고를 소리 내어 읽으며 녹음해봅시다.

■ 취약 발음 진단 원고

안녕하십니까? OOO입니다. 서울시가 사회적 취약계층과 청년 미취업자를 대상으로 올 한해 동안 지역공동체 일자리 2,300개를 제공했습니다. 형편이 어려운 사람들에게 우선적으로 제공하는 방침을 발표하기도 했습니다. 대상자의 재산상황 및 부양가족과 가구소득 등의 기준에 따라 참여자를 선발할 계획이라고 밝혔습니다.

성의 없이 말할 때
부정확해지는 발음

외국에서 오랫동안 거주하고 온 분들이 발음교정 때문에 저에게 수업을 의뢰하는 경우가 종종 있습니다. 영어 발음들은 둥글둥글하게 이어져가는 반면, 한국어 발음은 파열음이 강하며 받침발음들을 명확하게 말해야 합니다. 그래서 한국어 발음에 어려움을 겪는 경우가 많습니다. 우리말은 정성을 다해 음절 하나하나 정확히 발음해줘야 합니다. 그런데 영어에 익숙하다면 정확히 발음해줘야 하는 한국말이 당연히 어려울 수밖에 없는 것입니다.

발음이 부정확해지는 원인을 한번 살펴보겠습니다. 우리의 말소리를 만드는 데 관여하는 기관을 조음기관이라고 합니다. *발음이 부정확해지는 이유는 조음기관 삼형제(턱, 입술, 혀)가 성의없기 때문입니다.* 부드럽게 움직이지 않는 턱, 야무지게 훈련되지 않은 입술, 유연하지 않은 혀가 원인이라고 볼 수 있습니다.

그렇다면 조음기관 삼형제가 정성을 다할 수 있도록 함께 준비운동을 해보도록 해요! 운동 전 스트레칭이 중요한 것처럼 똑 부러지는 발음을 위해 조음기관 스트레칭은 필수입니다. 제일 먼저 필요한 것은 거울입니다. 작은 손거울도 좋고, 나의 입모양을 확인할 수 있기만 하면 됩니다. 전신 거울 앞에서 연습하는 것도 좋은 방법이지요.

방송인으로서 방송을 준비할 때 거울 앞에서 연신 웃는 모습을 연습했던 때가 기억납니다. 8개의 치아가 보이는 것이 예쁘다고 해서, 미스코리아에 나갈 것도 아닌데 하루에 한 시간 정도 꼭 거울을 보고 웃는 연습을 했습니다.

김태희처럼 대칭얼굴이면 좋으련만, 저는 웃을 때 한쪽 입꼬리가 유난히 올라가는 것을 확인할 수 있었습니다. 그래서 다른 쪽 입꼬리에 좀더 힘을 줘서 웃는 연습을 한 결과, 미소의 균형을 맞출 수 있었습니다. 걸그룹 멤버가 다이어트 비법으로 '매일 거울 보기'를 꼽았다면 우리는 발음 근육을 키우기 위해 열심히 거울을 봅시다.

조음기관 스트레칭 ①

양 손으로 턱을 감싸주세요.

턱이 움직이는 것을 최대한 입모양을 크게 하며 발음해봅니다.

"하하하하하! 헤헤헤헤헤! 히히히히히! 호호호호호! 후후후후후!"

조음기관 스트레칭 ②

입모양은 "ㅗ" "ㅏ" 모양으로 혀를 굴리며 "똑딱똑딱" 시계 소리를 내봅니다. 명쾌하게 소리가 나도록 움직여볼까요?

후천적으로 교정이
가능한 발음 ⎯⎯⎯⎯⎯⎯⎯ ∿∿ ⎯⎯⎯⎯

> "어눌한 발음 때문에 신뢰감이 떨어지는 것 같아요."

치명적인 결함으로 병원 진단을 받은 경우에는 발음을 교정하기 어렵겠죠. 하지만 그렇지 않은 이상, 발음은 충분히 교정이 가능합니다. 수강생들의 목소리를 진단하다보면 과거에 치아교정 경험이 있는 친구들이 많았습니다. 어딘가 새는 발음들이 들리고, 턱을 거의 움직이지 않고 입안에 침이 가득 고인 상태로 말하는 경우, 교정 경험을 물어보면 대부분 치아

교정의 경험이 있었습니다.

저도 어린 시절 치아가 벌어지는 현상으로 오랫동안 치아교정을 했었습니다. 그러다보니 말을 할 때 보철물들로 인해 조음기관 삼형제의 움직임이 둔할 수밖에 없더라고요. 그때 입을 거의 움직이지 않고 말하다보면 교정기를 제거했을 때도 부정확한 발음은 남아 있게 됩니다.

또한 발음 교정을 위해 상담 온 친구들 중에는 인터넷을 통한 잘못된 정보를 보고 경험한 경우가 많았습니다. 여기서 발음 교정의 잘못된 상식을 짚고 넘어가볼게요.

■ 발음 교정, 이렇게 안 해도 된다! BEST 3

1. 볼펜 물고 연습하기
2. 빠르게 문장을 따라 읽는 연습하기
3. 발음 교정을 위한 시술이나 수술하기

첫 번째, 발음 교정을 위해 볼펜이나 젓가락을 이용하는 경

우가 있습니다. 또는 발음 교정 스틱을 판매하기도 합니다. 혀가 유난히 긴장해 떠있을 때 아래로 위치를 낮게 잡기 위한 방법으로는 쓰일 수 있습니다. 하지만 무턱대로 볼펜이나 젓가락을 문 상태로 연습한다면 혀의 움직임을 제한해 역효과를 불러 일으킬 수도 있습니다. 본인의 발음을 정확히 진단해보고, 필요 여부를 전문가와 상의해야 합니다. 두 번째, 발음을 정확히 하기 위해 빠르게 읽는 연습을 하게 되는데 입 주위 근육은 풀어줄 수 있지만 정확도를 높이긴 어렵습니다. 먼저 음절 하나하나 놓치지 않고 또박또박 읽는 연습이 더 중요합니다. 세 번째, 시술이나 수술의 경우 가장 편한 방법이기도 합니다. 하지만 귀찮더라도 근본적인 원인의 개선을 위해 수술보다 제대로 연습하는 것이 더 효과적입니다.

발음이 정확해지면
확 달라지는 이미지

'이렇게 달라질 수 있을까' 싶을 정도로 이미지가 확 달라진 수강생이 있었습니다. 본인의 발음이 어눌해서인지 사람들과의 소통이 힘들다고 찾아왔던 분이었는데요, 갑작스럽게 회사에서 영업을 맡게 되어 근심과 걱정이 한아름이었습니다. 그러다보니 자신감도 많이 떨어져 소심해 보이기까지 하는 이미지였습니다.

그런데 수업이 진행될수록 조금씩 밝아지는 얼굴이 되며 성실하고 열심히 노력한 결과, 정확한 발음은 물론 신뢰감 있는 비즈니스맨의 모습까지 얻어갈 수 있었습니다. 성실한 욕심은 언제든 좋은 결과를 보여줍니다. 그 수강생이 발음을 잘하기 위해 실천한 것들은 다음의 5가지입니다.

■ 발음을 잘하기 위한 기본 법칙! BEST 5

1. 모음발음을 분명하게 해주세요.
2. 받침발음을 놓치지 말아요.
3. 연음법칙에 주의해주세요.
4. 숨을 들이쉰 이후에 말하는 연습이 필요합니다.
5. 천천히 읽으며 발음의 정확도를 높여주세요.

한글의 경우 모음발음이 중요합니다. 표준어의 모음은 21개입니다.

아 야 어 여 오 요 우 유 우 으 이
애 얘 에 예 외 왜 워 웨 위 의 와

우리의 발음기관 중 입술의 움직임을 좌우하는 것은 모음입니다. 때문에 정확한 발음을 위해서는 모음발음에 유의해야 합니다. 특히 사투리를 교정하기 위해 신경 써야 하는 부분이기도 합니다. 여기서 색이 있는 글자를 이중모음이라고 합니다. 서로 다른 모음이 한 음절에 있다는 뜻입니다.

이중모음을 정확히 하기 위해서는? 그렇죠! 입술에 힘을 주고 정성껏 움직여서 발음해주는 것이 필요합니다. 다음의 원고를 모음발음들에 주의해서 다시 한 번 리딩해봅시다. 조음기관 삼형제 중의 입술에 야무지게 힘을 주고 움직이면서 발음해봅시다. 특히 이중모음들은 더 정성껏!

■ 발음 진단 원고

안녕하십니까? OOO입니다. 서울시가 사회적 **취약**계층과 청년 미**취**업자를 대상으로 올 한해 동안 지역공동체 일자리 2,300(이천 삼백)개를 제공했습니다. **형편**이 어려운 사람들에게 우선적으로 제공하는 방침을 **발표**하기도 했습니다. 대상자의 재산상황 및 부양가족과 가구소득 **등의** 기준에 따라 참여자를 선발할 **계획**이라고 밝혔습니다.

어떤가요? 녹음해서 들어본다면 훨씬 또렷하게 들리는 것을 느끼실 겁니다. 다음은 받침발음을 명확히 해볼 텐데요, *한글에서 소리 나는 받침 발음은 7개입니다.*

'ㄱㄴㄷㄹㅁㅂㅇ(기역 니은 디귿 리을 미음 비읍 이응)'만이 한글에서 받침발음으로 소리 난답니다. 7개의 받침발음만 명확히 하면 더 잘 들린다는 사실, 굉장히 쉽습니다. 그런데 특히 'ㄴ' 받침을 좀더 신경써야 합니다. 예를 들어 '선생님'은 [성생님]이 아니고, '반갑다'는 [방갑따]가 아닙니다.

■ 발음 진단 원고

안녕하십니까? OOO입니다. 서울시가 사회적 취약계층과 청년 미취업자를 대상으로 올 한해 동안 지역공동체 일자리 2,300(이천 삼백)개를 제공했습니다. 형편이 어려운 사람들에게 우선적으로 제공하는 방침을 발표하기도 했습니다. 대상자의 재산상황 및 부양가족과 가구소득 등의 기준에 따라 참여자를 선발할 계획이라고 밝혔습니다.

지금까지 살펴본 이중모음을 포함한 모음발음에 받침발음들을 명확히 하니 훨씬 분명하게 들릴 겁니다. 아는 것도 중요하지만 직접 해보는 것이 더 중요합니다.

다음은 연음법칙입니다. 이 법칙은 예를 들어 설명해드릴게요. 한마디로 앞 음절의 끝소리가 뒷 음절의 첫소리가 되는 음운현상을 말합니다. 예외적인 특별한 경우도 있으니 알아두는 것이 좋습니다.

꽃을 금요일 목욕 할아버지 학원 음악
[꼬츨] [그묘일] [모굑] [하라버지] [하권] [으막]

선릉 신라 강릉 항로 대통령 왕릉 디귿이
[설릉] [실라] [강능] [항노] [대통녕] [왕능] [디그시]

우리가 실습원고를 읽으며 연습하는 것의 최종 목적은 일상 언어의 교정을 하기 위해서입니다. 다음 발음의 법칙을 정리하며 읽어볼게요. 호흡, 발성, 발음은 연계를 가질 수밖에 없습니다. 부정확한 발음의 원인으로 지나치게 작은 목소리나 큰 목소리가 습관화되어 있는 경우도 예외는 아닙니다.

마찬가지로 발음 교정에 있어서도 호흡 발성은 기본으로 체득화되어 있어야 하겠죠. 복식호흡을 하면서 발성을 하게 되면 목소리의 힘이 생깁니다. 즉 상대방에게 전달하는 에너지죠. 말을 할 때나 실습원고를 읽어 내려갈 때도 마찬가지입니다.

문장이 끝나고 에너지를 챙겨주세요. 쉼을 가지며 호흡을 재정비하고 다음 문장으로 넘어가는 것이 좋습니다. 또한 음절을 늘어지게 읽는 것이 아닌 천·천·히 또박또박 읽어 발음의 정확도를 높여주세요.

■ 발음 진단 원고

안녕하십니까? OOO입니다// 서울시가 사회적 취약계층과 청년 미취업자를 대상으로 올 한해 동안 지역공동체 일자리 2,300(이천 삼백)개를 제공했습니다// 형편이 어려운 사람들에게 우선적으로 제공하는 방침을 발표하기도 했습니다// 대상자의 재산상황 및 부양가족과 가구소득 등의 기준에 따라 참여자를 선발할 계획이라고 밝혔습니다//

똑 부러지는
발음 연습법 ⎯⎯⎯⎯⎯⎯⎯⎯⎯⎯⎯⎯⎯

“ㅅ(시옷) 발음이 새는 느낌이 들어요.”

새는 발음 때문에 비즈니스에서 낭패를 겪은 수강생의 이야기가 생각납니다. 중요한 미팅자리에 팀장으로서 프레젠테이션을 하는데, 뒤에서 킥킥거리며 웃던 다른 팀 사원들을 보게된 것입니다. 평소 부정확한 발음 때문에 스트레스를 받던 수강생은 수치심과 더불어 자존심도 상했다고 말했습니다. 말하는 것이 더 싫어지고 힘들어지기 전에 목소리를 교정하기 위

해 찾아왔다는 그분의 말에 제대로 코칭을 해드려야겠다는 생
각이 들었습니다.

새는 발음의 경우, 정확한 조음점의 위치를 찾아줘야 합니
다. 즉 방향을 잃은 혀의 위치를 바로잡아주는 거죠. 나의 새

> ❝
>
> ■ 새는 발음 진단 원고
>
> 사소한 습관이 얼마나 큰 변화를 주는지 상상해보셨나요?
>
> 수십만명의 인파들 속에 송파경찰서 수사과장은 수사대상을 수
> 집했습니다.
>
> 대통령선거에서 심상수 후보를 지지하는 지지자 모임에 지원자
> 들이 상당합니다.
>
> 주진천의 자전적인 소설에는 자전거 전문가가 주인공입니다.
>
> 돌 하르방 코를 만지면 아들을 낳는다고 해서 아들 날 돌하르방
> 인가요?
>
> 박법학박사님과 백법학박사님은 상담담당 선생님으로 판편주님
> 을 소개해주셨습니다.
>
> 왕밤빵이 먹고 싶었으나 안흥팥찐빵과 청송콩찰떡을 먹게 되어
> 즐겁습니다.

는 발음들을 먼저 체크해볼까요? 소리 내어 읽어보고 새는 발음들을 체크해둘게요. 앞으로 배울 조음훈련법들을 익힌 뒤에 다시 녹음해서 비교해 들어봅시다.

　흔히 새는 발음 중에는 "ㅅ, ㄹ, ㅈ, ㅊ(시옷, 리을, 지읒, 치읓)" 발음들이 있습니다. 이들을 비롯해 새는 발음을 바로잡기 위해서는 혀가 정확한 조음위치를 파악해야겠죠? 우리의 발음 기관을 살펴보겠습니다. 본인이 직접 느끼며 소리 내서 스·타·카·토로 연습해봅시다!

■ 발음 기관

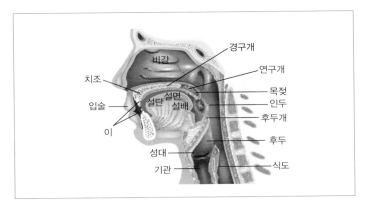

턱을 위아래로 부드럽게 움직여야 합니다.

입술을 야무지고 힘 있게 움직여야 합니다.

혀를 유연하게 움직여야 합니다.

① 입술을 붙였다 떨어졌다 하며 소리내보세요.

바 뱌 버 벼 보 뵤 부 뷰 브 비

빠 뺘 뻐 뼈 뽀 뾰 뿌 쀼 쁘 삐

파 퍄 퍼 펴 포 표 푸 퓨 프 피

② 코로 호흡을 내보내면서, 입술이 붙었다 떨어지며 소리가 나

옵니다.

마 먀 머 며 모 묘 무 뮤 므 미

③ 앞 치아 뒤 치조에 혀가 닿으면서 발음됩니다.

다 댜 더 뎌 도 됴 두 듀 드 디

따 땨 떠 뗘 또 뚀 뚜 뜌 뜨 띠

타 탸 터 텨 토 툐 투 튜 트 티

혀의 위치는 같으나 콧소리(비강) 나는 소리입니다.

나 냐 너 녀 노 뇨 누 뉴 느 니

④ 혀가 치조에 닿지 않고, 좁은 공간으로 호흡이 빠져나가면서 발음됩니다.

혀가 밖으로 나오거나 윗 치아에 닿게 되면서 "ㅅ" 발음은 부정확해집니다. 그리고 최대한 위아래로 입을 크게 벌려주고 최종적인 혀의 위치를 밑으로 내려주세요. (처음에는 단어로 연습하지 마시고 아래 한 음절씩 연습해보세요.)

사 샤 서 셔 소 쇼 수 슈 스 시
싸 쌰 써 쎠 쏘 쑈 쑤 쓔 쓰 씨

⑤ 혓바닥이 윗입천장(경구개)에 닿으면서 소리 납니다.

자 쟈 저 져 조 죠 주 쥬 즈 지
차 챠 처 쳐 초 쵸 추 츄 츠 치
짜 쨔 쩌 쪄 쪼 쬬 쭈 쮸 쯔 찌

⑥ 혓바닥이 뒷입천장(연구개)에 닿으면서 소리 납니다.

가 갸 거 겨 고 교 구 규 그 기

카 캬 커 켜 코 쿄 쿠 큐 크 키 (거세게 나는 소리)

까 꺄 꺼 껴 꼬 꾜 꾸 뀨 끄 끼

혀의 위치는 같으나 콧소리(비강)나는 소리입니다.

아 야 어 여 오 요 우 유 으 이

⑦ 혀가 윗입천장(경구개)에 닿았다가 안쪽으로 말리면서 소리 납니다.

라 랴 러 려 로 료 루 류 르 리

⑧ 입을 크게 벌리고 혀를 낮게 내리면서 목구멍으로 소리 납니다.

하 햐 허 혀 호 효 후 휴 흐 히

매일 딱 4분만 투자하면
달라지는 발음

지금까지 배운 발음들을 모두 모아서 다음과 같은 발음판을 만들어봤습니다. 정확히 한 번 읽는 데 4분가량 소요됩니다. "목소리가 좋아지려면, 발음이 정확해지려면 어떻게 해야 하

■ 하루 4분 발음판

가	야	거	겨	고	교	구	규	그	기	괴	과	궈	귀
나	냐	너	녀	노	뇨	누	뉴	느	니	뇌	놔	눠	뉘
다	댜	더	뎌	도	됴	두	듀	드	디	되	돠	둬	뒤
라	랴	러	려	로	료	루	류	르	리	뢰	롸	뤄	뤼
마	먀	머	며	모	묘	무	뮤	므	미	뫼	뫄	뭐	뮈
바	뱌	버	벼	보	뵤	부	뷰	브	비	뵈	봐	붜	뷔
사	샤	서	셔	소	쇼	수	슈	스	시	쇠	솨	쉬	쉬
아	야	어	여	오	요	우	유	으	이	외	와	워	위
자	쟈	저	져	조	죠	주	쥬	즈	지	죄	좌	줘	쥐
차	챠	처	쳐	초	쵸	추	츄	츠	치	최	촤	춰	취
카	캬	커	켜	코	쿄	쿠	큐	크	키	쾨	콰	쿼	퀴
타	탸	터	텨	토	툐	투	튜	트	티	퇴	톼	퉈	튀
파	퍄	퍼	펴	포	표	푸	퓨	프	피	푀	퐈	풔	퓌
하	햐	허	혀	호	효	후	휴	흐	히	회	화	훠	휘
각	낙	닥	락	막	박	삭	악	작	착	칵	탁	팍	학
간	난	단	란	만	반	산	안	잔	찬	칸	탄	판	한
갇	낟	닫	랃	맏	받	산	안	잗	찯	칻	탇	팓	한
갈	날	달	랄	말	발	살	알	잘	찰	칼	탈	팔	할
감	남	담	람	맘	밤	삼	암	잠	참	캄	탐	팜	함
갑	납	답	랍	맙	밥	삽	압	잡	찹	캅	탑	팝	합
강	낭	당	랑	망	방	상	앙	장	창	캉	탕	팡	항

나요?"라는 질문을 참 많이 받습니다. 저는 그 질문에 대한 대답을 무라카미 하루키의 말에 빗대어 말합니다.

하루키의 일상은 매일 똑같습니다. 매일 새벽 4시에 일어나 5~6시간 글을 쓰고, 오후에는 뛰고 수영을 하며 하루를 보낸 뒤, 책을 읽고 음악을 듣다가 밤 9시면 잠이 든다고 합니다. 이런 일상을 하루도 빼놓지 않고 반복한다고 합니다. 하루키는 이런 반복이 최면처럼 자신의 깊은 내면으로 이끌어준다고 말했습니다.

목소리의 변화에도 반복은 정말 중요합니다. 반복이 새로운 습관을 만들고, 그 습관은 여러분의 목소리를 변화시켜 줄 것입니다. 이 발음판을 호흡편에서 배운 I호흡과 L호흡을 활용해 스·타·카·토로 연습해봅시다. 입 주변 근육이 늘어날 수 있도록 과하게 열심히 움직여봅시다. 말하기 전에는 반드시 하루 4분 발음판을 잊지 마세요!

제대로 장단음
살려 말하기 ─────────〰〰─────

> "장단음을 꼭 지켜야 하나요?"

아나운서를 준비하던 때부터 실제 방송에 투입되기까지 원고를 받아들고 게을리하지 않았던 것은 장단음 체크였어요. 실시간으로 제공되는 원고 또한 한국어사전을 옆에 펼쳐놓고 일일이 장음을 찾아서 표현하던 때가 생각납니다. 하우투스피치를 운영하면서 우리말 장단음에 너무 무심했던 것은 아닌지 반성하게 됩니다.

우리말은 소리의 길고 짧음에 따라 장음과 단음으로 구별됩니다. *장음과 단음을 구별해서 소리를 낼 때 단어의 정확한 의미 전달도 가능해지지만 우리말 고유의 운율도 살아나서 훨씬 아름답게 들립니다.*

장단음 구별은 우리말을 맛깔스럽게 표현하는 방법

얼마 전 뉴스에서 들은 한 아나운서의 멘트가 기억에 남습니다. "○○○ 선거[선:거]를 앞두고 여야간의 첨예한…"이라고 뉴스를 시작하는데, 선거를 단음으로 처리했습니다. 대표자나 임원을 뽑는 일을 뜻하는 선거(選擧)는 장음인데 단음으로 잘못 처리한 거죠.

사실 아무리 전문가라고 해도 장단음을 모두 외울 수는 없습니다. 일일이 찾아야 하는데 실수할 수도 있고, 미처 놓치는 부분이 생길 수도 있지요. 하지만 아쉬운 생각이 드는 것은 어쩔 수 없었습니다.

장단음의 경우 사전마다 다른 표기로 헷갈리게 만들기도 하고, 요즘은 거의 구별이 없다고도 볼 수 있지만 조금만 신경 써 보면 어떨까요? 단어의 뜻을 변별하는 기능도 갖고 있는 장단음, 휴대폰에서의 간단한 검색만으로도 충분히 알 수 있습니다.

> ■ 장단음 활용 원고
>
> 강원도 영동과 충북 영:동
>
> 전라도 광주와 경기도 광:주
>
> 성인이 되기는 쉽지만 성:인이 되기는 어렵다.
>
> 가장인 아빠는 가:장 힘이 세다.
>
> 이사한 새집에 새가 새:집을 지었다.
>
> 사:람이 중요하다는 것은 사:실이다.
>
> 대:한민국에서 검:찰은 매우 중:요하다.
>
> 행:복을 어떤 것으로 비:유할 수 있을까요?
>
> 영준이는 취:업을 하지 않고 사:업을 시:작했다.
>
> 선생님은 이 내용이 무척 중:요하다고 강:조하셨다.
>
> 시:민들의 안전을 보장한 김후보는 대:통령 후보로 유:력하다.
>
> 안건을 반:박하기 위해서는 근거가 필요하다.

담:배를 피는 사람의 건:강이 걱정된다.

분:수에 맞게 행동하는 것이 좋:다.

환경이 오:염되는 것을 방:치하지 말자.

당일에 취:소하는 것은 피:해를 주는 것이다.

하우투스피치는 좋은 강사를 배:출하고 있다.

그 선:물은 좀 부:담이 된다.

미:래를 준비하며 살:자.

감:기는 미리 예:방하자.

발음을 정확하게
들리게 하는 팁

"발음이 왜 꼬이고 뭉개질까요?"

사회생활뿐만 아니라 일상생활에서도 전달력은 중요합니다. 취준생인 아들을 둔 부모님께서 아들의 발음이 뭉개지고 어눌해서 커뮤니케이션이 어렵다며 상담 전화를 한 적이 있습니다. 의과대학을 다니는 학생인데 상담 상황 롤플레잉 시험에서 혀 짧은 소리를 낸다는 이유로 학점을 잘 받지 못했다고 학원을 찾아오기도 했습니다. 한 번은 어르신의 상담 전화였는데

오래전부터 목소리에 대한 콤플렉스가 있었다며 나이가 많아도 발음을 교정할 수 있냐는 문의였습니다.

발음 교정은 노력할수록 빠르게 발전 속도를 보여줍니다. 사실 호흡, 발성 트레이닝은 보이지 않는 몸의 발성기관을 작용해 효과를 얻어내야 하기에 오랜 시간 꾸준한 훈련을 통해 변화가 생깁니다.

하지만 오랫동안 잘못된 습관으로 부정확한 발음이 굳혀진 경우, 눈으로 확인할 수 있는 조음기관의 움직임만 신경 쓴다면 충분히 빠른 시간 내에 교정이 가능합니다. 다만 평소 말하기에서 명심해야 할 것이 있습니다.

말끝 흐리는 습관을 버려주세요! 발음이 꼬이고 뭉개지는 사람일수록 말끝을 흐리는 경우가 많습니다. *말끝을 흐리지 않기 위해서 평소 문장형으로 종결어미를 명확히 소리 내어 말합시다.*

제가 이거 해봤는…데…(요)

아…그건 아니고…(요)

네, 맞긴 한데…(요)

말끝이 기어들어가는 말투는 상대방에게 자신 없고 소극적인 태도로 비춰질 수 있습니다. 우리는 각기 다른 개성과 성향과 생김새를 갖고 있습니다. 적극적이고 외향적인 사람이 있는 반면, 내성적이고 숫기가 없는 사람들도 있습니다. 품고 있는 성향이 다를 뿐이지 좋고 나쁘고를 따질 수는 없습니다. 다만 내가 목소리를 내야 하는 순간에 있어서는 누구보다 열정적으로 전달력 있게 표현하면 좋지 않을까요?

내가 가진 것들을 제대로 표현할 수 있는 목소리야말로 그 순간 여러분을 가장 빛나게 만들어줄 수 있습니다. 지금까지 배운 호흡, 발성, 발음은 좋은 목소리의 기본기입니다. 목소리의 3요소라고 불릴 정도로 아주 중요합니다. 이 기본기가 바탕이 되어 목소리의 응용법을 익힌다면, 언제 어디서든 본인이 의도한대로 활용할 수 있을 것입니다.

■ 어려운 발음 훈련

1. 횡성군에 따르면 횡성군청 기획감사실 소속 박주무관이 9년째 헌혈을 실천하고 있기에 헌혈 유공자 은장을 수상할 수 있었습니다.

2. 올해 유난히 심한 폭염에 시민들이 건강 피해를 입지 않도록, 응급실 운영 의료기관에 온열질환자 발생 상황을 매일 파악하면서 시민들에게 폭염예방과 건강수칙을 준수할 것을 강조했습니다.

3. 골든리트리버는 지난 1868년 스코틀랜드에서 처음 탄생했으며, 스코틀랜드 인버네스셔의 구이사천 하우스에 무려 361마리가 모였습니다.

4. 종합편성채널의 예능프로그램에서는 황태고추장, 북어고추장찌개, 우엉조림, 마늘닭간장조림, 삼치된장조림 레시피를 알려주는 모습이 그려졌습니다. 먼저 황태 고추장은 1분간 물에 주물러 씻어준 뒤 석쇠에 황태채를 올려 약불에서 직화로 2분간 앞뒤로 굽습니다.

5. 앙겔라 메르켈 독일 총리가 남편인 요하임 자우어 교수와 함께 독일 남동부 도시 바이로이트에서 열린 바그너 페스티벌 개막식에 참석했습니다.

6. 2년 연속 '소셜 아티스트' 부문 수상도 한국 아티스트 가운데 처음입니다. 국내 음악평론가들은 방탄소년단의 성공 요인으로 스스로 작사 및 작곡을 해내는 능력, 칼군무를 추면서 라이브까지 소화하는 실력, 무대매너와 팬서비스매너를 꼽았습니다.

7. 독도 종합해양과학기지 건설 여부가 주목되고 있습니다. 서해엔 가거초 해양과학기지, 남해엔 이어도 종합해양과학기지가 운영중이지만 울릉도, 독도가 위치한 동해에는 종합해양과학기지가 없습니다.

8. 블루베리나 라즈베리 등 딸기류를 매일 권장 섭취량만큼 먹으면 심혈관계 질환으로 인한 사망 위험을 최대 40%까지 줄일 수 있다는 연구 결과가 나왔습니다.

9. 바둑의 기초 게임 원리를 스스로 학습하는 '알파고 제로'를 발표하면서 더이상 인공지능 알파고와 인간간의 바둑대회는 무의미하게 되었습니다.

10. 당뇨 환자라고 판단되면 병원을 방문해 의사의 문진과 진찰, 몇 가지 간단한 검사 등을 통해 다른 원인에 의한 신경병증이 아닌 것을 확인한 후 진단할 수 있습니다.

지금까지 발음훈련을 열심히 했다면 1번부터 10번까지의 원고를 한 번에 읽어 내려가봅시다. 빨리 읽을 필요는 없어요. 천천히 정확하게 읽어봅시다. 전달력 있는 목소리를 위해서는 집중과 몰입이 필요합니다. 1번부터 10번까지 정확한 발음으로 연습한 뒤 녹음해서 들어볼까요?

내가 가진 것들을 제대로 표현할 수 있는 목소리야말로
그 순간 여러분을 가장 빛나게 만들어줄 수 있습니다.
목소리의 응용법을 익힌다면, 언제 어디서든
본인이 의도한대로 활용할 수 있을 것입니다.

입가에 미소가 지어지는 구수함을 전하는 사투리가 있습니다. 표준
말투보다 사투리 말투에 강한 친근함을 느끼기도 합니다. 하지만 대
화하는 데 걸림돌이 될 때도 분명히 있습니다. 최신 기술을 입힌 AI
로봇이 사투리 억양을 이해하지 못해 명령을 받아들이지 못했다는
기사를 본 적이 있습니다. 사람이 기계는 아니지만, 소통을 하는 데
이해를 돕기 위해서는 사투리 억양보다는 표준 억양과 말투가 필요
한가 봅니다.

5장

전문적인
목소리

전문성을
방해하는 사투리 ─────────⌇⌇⌇─────

> **"사람들이 제 말을 몬알아 들어서예."**

저는 대구에서 태어나 8살까지 조부모님과 함께 살았습니다. 부모님께서 서울로 직장을 옮기시며 덩달아 저도 전학을 가게 되었습니다. 그렇게 저의 수난은 시작되었다고 해도 과언이 아니었습니다. 수업시간에 책 읽는 것부터 발표까지 아이들은 제가 말만 하면 웃기 시작했죠.

특히 저의 높고 얇은 목소리는 사투리를 더욱 돋보이게 만들었습니다. 어린 마음에 저는 사투리의 말투가 창피하다고 느끼게 되었습니다.

사실 사투리는 친근감과 정감을 주기도 합니다. 방송인 김제동 씨나 강호동 씨의 경우 경상도 사투리는 그들 특유의 캐릭터가 되기도 했죠. *하지만 안타깝게도 때로는 사투리가 의사소통을 방해하기도 합니다.*

사투리 교정을 원하는 제일 큰 이유는 상대방이 잘 알아듣지 못한다는 것입니다. 그 지방만이 쓰는 고유의 언어들과 불분명한 어미 처리는 반말로 오해받을 수도 있습니다.

한 수강생의 경우 사투리 때문에 비즈니스를 하는 데 전문성이 떨어지는 것 같다는 이유로 학원을 찾아왔습니다. 제품을 판매하는 것이 자신의 주된 업무였는데 고객이 피식 웃기도 하고 자꾸 반문하는 것이 자신의 사투리 때문인 것 같다는 판단이었습니다.

사투리를 고치는
평평한 말투 만들기

사투리를 쓴다고 놀림을 받은 후로는 스스로 서울 말투로 바꾸기 위해 열심히도 노력했습니다. 제일 도움이 되었던 것은 듣는 것이었습니다. 아나운서들이 진행하는 뉴스를 많이 들어 보고, 드라마에 나오는 대사를 따라해보기도 했습니다. 또 서울친구들과 친하게 지내며 어울려 대화하는 것을 즐겼어요. 그러다보니 서서히 서울아이가 되어갔습니다.

저는 무엇보다 사투리를 교정하기 위해서는 환경을 바꾸는 것이 중요하다고 생각합니다. 최대한 표준어를 구사하는 집단 속에서 그들과 함께 어울리는 것입니다. 그리고 사투리를 쓰는 집단과 당분간은 멀리하는 것이 필요해요. 어느 정도 표준어의 말씨가 입에 붙을 때까지는 환경을 바꿔보는 것이 필요합니다.

경상도나 전라도, 충청도, 강원도 등 사투리에는 특징이 있습니다. 경상도는 강한 악센트를 가지고 있죠. "와이래 덥노." 경상도 말투는 조금 거칠기도 하면서 표준 억양과는 차이가 있습니다. 전라도의 경우 고저장단의 추임새와 비속어가 약간은 섞여있는 말투입니다. "아따 거시기하게 시원해부네잉." 사투리 중에서도 전라도 사투리는 제일 맛깔스럽고 재미있게 들리기도 합니다. 충청도의 경우 느리고 어눌해 보이지만 표현이 해학적이기도 하죠. "그렇게 급하면 어제 가쥬." 아마 여러 매체를 통해 사투리를 많이 들어보셨을 것입니다.

그렇다면 표준어로 교정하기 위해 특유의 사투리 말투를 지워보겠습니다. 꿀렁꿀렁이는 억양과 말투를 평평하게 만들어주는 것부터 시작입니다.

기존의 사투리 억양

사투리는 표준어와 달리 그 지역에서만 사용되는 말을 뜻합니다.

표준 억양

대한민국 표준어는 의사소통의 불편함을 덜기 위한

전 국민의 공통어입니다.

표준 억양은 대체로 끊어 읽는 마지막 부분에서만 올라가거나 내려가는 억양을 사용합니다. 사투리 억양과 크게 다르다는 것을 느낄 수 있을 겁니다. 억양이 강한 경상도 사투리의 경우, 특유의 악센트가 있습니다.

"가가 가가?(그 아이가 그 아이니?) 가가 가가가?(그 아이의 성이 가씨니?)" 이렇게 음절마다 악센트를 주면서 뜻을 전달할 수가 있는 거죠. 하지만 표준어 규정 제1항에 근거하는 '교양 있는 사람들이 두루 쓰는 현대서울말'을 익히기 위해서는 일명 꿀렁이는 억양, 물결치는 억양을 평평하게 만들어야 합니다.

연습을 할 때는 손을 함께 이용해주세요. 원고를 소리 내서 읽으면서 손가락을 이용해 일직선을 쭉 이어나가다가, 올라가는 억양에서 손가락을 올려주고, 내려가는 억양에서는 손가락을 내려주며 몸으로 평평한 말투를 익혀봅시다.

사투리가 익숙하다면 표준 억양이 어색하게 느껴질 수 있습니다. 많이 들어보고 지금까지 배운 힘 있는 발성으로 연습하는 것이 필요합니다.

세련된
표준 억양

"가끔은 억양 때문에 외국에서 왔냐고 묻기도 해요."

요즘은 식사를 할 때 바로 옆에서 조리해주는 음식점이 꽤 있는 것 같습니다. 특히 고깃집의 경우 아주 친절하고 전문적으로 조리를 도와주니 음식을 즐기는 데 더욱 집중할 수 있습니다. 여느 때와 마찬가지로 친구와 수다를 떨며 음식을 먹는데, 조리해주는 분께서 목소리가 참 좋은 것 같다며 제 직업을 물으시더라고요.

그분의 감사한 칭찬에 목소리와 화법에 대해 교육하고 있는 사람이라고 말씀드렸더니, 대뜸 본인도 목소리에 문제가 있다며 목소리 교정을 하고 싶다고 했습니다. 그분은 강한 억양과 변형된 모음발음으로 말하는 습관이 굳혀진 듯 보였습니다. 본인의 억양으로 인한 선입견의 시선이 불편하다고 덧붙이기도 했습니다.

문장의 주된 의미를 강조하는 억양 만들기

사실 억양의 경우 단시간에 고쳐지기가 어렵기도 합니다. *단시간 내에 억양 교정이 어려운 이유는 본인이 표준 억양과 사투리 억양을 잘 구분하지 못하기 때문입니다.*

이 2가지를 구분할 수 있어야 본인이 원하는 대로 억양을 구사할 수 있습니다. 사투리를 쓰지 않아도 사회생활을 지방에서 하거나 부모님께서 사투리를 쓰시는 경우에는 약간 섞여있는 특이한 억양이 나오기도 합니다.

반갑습니다~(X)　　반갑습니다~(O)

안녕하세요~(X)　　안녕하세요~(O)

김수진입니다~(X)　　김수진입니다~(O)

　사투리를 교정하기 위해서는 평평한 억양을 만드는 것이 먼저입니다. 평평한 억양을 만들어 표준 억양을 입히는 연습이 필요합니다. 하지만 인위적으로 억양을 만들게 되면 어색하고, 듣는 사람이 이해를 잘 못할 수도 있어요. 그래서 문장을 구성하는 요소에 대해 이야기해보려고 합니다.

　사투리의 경우 문장의 주된 의미가 강조된 억양을 쓰지 않고 보조 의미에 악센트를 주는 경우가 많습니다. 인사인 "안녕하세요"로 비유해볼게요. "안녕하세요"에서 주된 의미는 '하세요'가 아니라 '안녕'이라는 말이겠죠? 안녕의 강세를 주면서 자연스럽게 어미를 내리는 억양이 바로 표준 억양입니다.

강세를 줄 때 성대를 누르며 납작하게 소리 내는 것이 아니라 힘은 빼고 호흡을 써서 앞으로 전달해주세요. 또한 사투리는 잘못된 모음발음을 주의해야 합니다. '4장 똑 부러지는 목소리'를 완벽히 숙지하신다면 억양 교정이 훨씬 수월할 겁니다.

어렵게 생각하지 말고 문장의 주된 의미를 강조하는 억양을 계속 연습해볼게요. 다음 문장에 표시된 핵심 단어를 강조하며 표시된 억양을 따라 소리 내어 읽어봅시다.

> **"**
>
> ■ 핵심 단어 강조 연습
>
> 괜찮은 영화가 있을까요?／ 네～ 영화 인크레더블을 추천합니다.＼ 이번에 나온 두 번째 인크레더블은 다둥이 히어로 가족의 이야기인데요～／ 14년 만에 속편으로 돌아왔다고 합니다.＼ 영화는 애니메이션이고요.／ 엄마 아빠부터 세 명의 아이들까지 특별한 능력으로 세상을 구한다고 합니다.＼ 가족과 함께 즐겁게 볼 수 있는 영화로 추천합니다.＼

자, 연습해보셨나요? 중요한 뜻을 가진 핵심 단어를 강조하는 것만으로도 표준 억양을 만들어냅니다. 의문문일 경우에는 억양을 자연스럽게 올려주는 것이 좋겠죠? 사투리의 꿀렁이는 억양이 아닌 대체로 끊어 읽는 부분에서만 올려주거나 내려주는 표준 억양을 사용해볼까요?

신뢰감 넘치게
만들어주는 억양 ───────∿∿∿───

"제가 말을 하면 어린아이 같대요."

아이 같은 말투, 즉 아성과 아투를 가진 분들은 자신의 목소리를 콤플렉스로 느끼는 경우가 많습니다. 특히 비즈니스에서 전문적인 목소리는 도움이 되기도 합니다. 기업에서 목소리 교정 강의가 요청하는 경우는 상담부서 직원들을 대상으로 하게 되는 경우가 많습니다.

○○기업의 경우 상담직원들이 나이가 어리기도 하지만 아성과 아투가 심해 고객들로부터 전문성과 신뢰감을 주지 못한다는 것 같다는 이유였습니다. 강의 전 사전조사를 통해 수업방향을 결정하기 위해 고객으로 가장해 전화를 해보니 아이 같은 느낌의 목소리를 가진 상담원이 대다수였습니다.

　　듣기에 예쁘고 여성스러울 수는 있습니다. 하지만 비즈니스에서 고객에게 신뢰감을 주기에는 부족할 수 있습니다. *여러분을 전문가로 만들어줄 억양이 있습니다. 아나운서의 억양이라고 생각하시면 됩니다.* 아나운서들이 뉴스를 진행할 때를 생각해보세요. 주관적인 감정을 배제하고 사실적인 정보를 신뢰감 있게 전달하기 위해 뉴스에서의 종결어미는 내려가 있습니다.

　　내려간 어미를 우리는 하강조라고 부르도록 해요. 아나운서가 뉴스를 진행할 때 신뢰감과 정확성을 주는 억양을 사용하는 것처럼 비즈니스에서도 확신과 전문성을 드러내야 할 때가 있습니다. 그때의 어미처리는 내리는 억양을 사용해볼까요? 아성과 아투를 가진 목소리도 충분히 신뢰감 있고 자신 있는 목소리가 될 수 있습니다.

■ 신뢰감을 주는 억양 연습

커피를 적당히 마시는 것은 건강에 좋습니다.

적당량의 커피는 심혈관 질환과

당뇨병 그리고 파킨슨병의 발병을 막아줍니다.

미국국립암연구소가 '내과학회지'에 밝힌 바에 따르면

영국 내 50만 명 이상을 대상으로 한 연구 결과

예상대로 커피를 마시는 사람들이

사망 위험이 낮은 것으로 나타났습니다.

아성과 아투를 지우는
군대식 말투

군대를 다녀온 친구들의 말투를 들어보셨지요? 격식체로 말하는 것을 들어보셨을 겁니다. '다나까'체라고도 부르는 '합니다'체를 많이 씁니다.

"했어요. 하는데요"가 아니라 "합니다. 그렇습니까?" 하는 격식체인 거죠. *평소 격식체를 사용하게 되면 어색할 수도 있으나 어린 아이 같은 말투가 심하다면 종결어미에 '다' '까' 체로 말하는 습관을 적극 권합니다.*

목소리가 변하기 위해서 절대적으로 필요한 것은 습관을 만드는 것입니다. 그동안 소리 내었던 방식이 아닌 내가 의도한 대로 목소리를 표현하기 위해서는 딱딱하게 들릴지라도 익숙하게 만들기 위해 자꾸 시도해봅시다.

처음에는 주변 사람들의 어색한 시선이 느껴질 수도 있어요. 하지만 습관화된 뒤에는 자연스럽고 안정감 있게 목소리를 활용할 수 있을 거라고 확신합니다. 여성스럽기보다는 나의 전문성을 드러내는 말투와 하강조의 억양을 연습해봅시다. 다음 원고에 직접 억양을 그려보며 힘 있는 발성과 똑 부러지는 발음으로 읽어봅시다.

> ■ 신뢰감을 주는 억양 훈련
>
> 스타벅스커피코리아는 콜드브루 음료 누적 판매량이
>
> 최근 2천만 잔을 돌파했다고 밝혔습니다.
>
> 스타벅스는 4월 출시된 콜드브루가
>
> 15개월 만인 지난해 7월 1천만 잔이 팔렸고
>
> 지난달 말에 2천만 잔을 넘겼다고 설명했습니다.
>
> 스타벅스는 콜드브루를 마신 고객 대부분은
>
> 이전에는 아메리카노를 즐겨 마시던 이들이라며
>
> 지금은 아메리카노보다 콜드브루를 더 선호하는 것으로
>
> 나타났다고 분석했습니다.

생동감 넘치게
만들어 주는 목소리

사람을 대하는 일이 결코 쉬운 것은 아닐 것입니다. 저 또한 많은 사람과 소통하면서 교육하는 일을 하고 있다 보니 크고 작은 오해의 순간들이 분명히 생기기 마련입니다. 본의 아니게 목소리로 인해 오해를 받는 경우 참으로 안타까운 생각이 듭니다. 어느 날 어두워보이는 인상의 수강생이 학원을 찾았습니다.

서비스직에 종사하고 있는데 고객 컴플레인이 너무 힘들다는 이유 때문이었습니다. 자신의 커뮤니케이션에 문제가 있다고 생각해 상담을 요청해왔습니다. 몇 마디 이야기를 건네고 나니 이 친구가 왜 고객들로부터 오해를 받고 있는지 아주 잘 이해되었답니다.

평소 툭툭 던지듯이 말하는 목소리가 충분히 불친절하게 느껴질 수도 있었죠. 생기 있는 목소리는 다릅니다. 무덤덤하게 툭툭 던지는 목소리보다 생기가 느껴지는 목소리로 전달해봅시다. 같은 말의 내용도 다르게 들릴 것입니다. 생동감 있는 목소리를 위해서는 억양의 변화가 필요합니다.

밝고 친절해지는 V상승조와
친근하고 자연스러운 W상승조

상승되는 억양의 표시를 빗댄 V상승조는 친절하고 밝은 느낌을 줄 수 있습니다. 무의식적으로 우리는 상승과 하강의 억양을 자유롭게 사용하고 있지만 막상 비즈니스나 일상생활에서는 의도한대로 억양을 활용하지 못하는 경우가 많습니다. 그래서 경쾌하고 활기찬 느낌을 주는 V상승조를 훈련하면서 생동감을 표현해봅시다.

다음 원고에서 V상승조의 표시에 올라가는 억양을 사용해봅시다. 부드럽게 끊어 읽는 부분에서 억양을 올려주며, V상승조라는 이름처럼 "브이" 할 때의 밝은 표정과 기분으로 목소리를 내는 연습을 해보세요.

> "
>
> ■ V상승조 원고
>
> 손님 여러분 √ 안녕하십니까? √
>
> 오늘도 변함없이 √ 서울항공을 이용해 주신 여러분께 √
>
> 깊은 감사를 드립니다. √
>
> 이 비행기는 LA까지 가는 √ 서울항공 A303편입니다. √
>
> 목적지인 LA까지 예정된 비행시간은 √ 이륙 후 10시간 50분입니다. √
>
> 오늘 차현우 기장을 비롯한 저희 승무원들은 √
>
> 여러분을 LA까지 정성껏 모시겠습니다. √

도움이 필요하시면 언제든지 저희 승무원을 불러 주십시오. √

계속해서 기내 안전에 관해 안내해 드리겠습니다. √

고맙습니다. √ 즐거운 여행 되십시오. √

항공사 기내방송문

물론 아직은 원고를 읽어 내려가는 것도 참 부자연스럽게 느껴질 거예요. 그래서 우리의 일상 언어와 가장 근접한 원고로 생동감을 주는 억양을 활용해보겠습니다. 사실 대화를 할 때는 일일이 신경 쓰며 억양을 사용하기가 매우 어렵고, 그러다 보면 본인이 정작 하고 싶은 말을 잊게 되기도 합니다.

생동감 넘치는 억양 활용을 위해서는 연습을 통해 익숙하게 만드는 것이 필요합니다. 친근하고 자연스러운 억양인 물결모양 W상승조는 표시된 곳을 유연하게 꺾으며 종결어미를 올려주세요. 녹음분을 듣고 따라하며 진짜 DJ가 된 것처럼 연습해보겠습니다.

■ W상승조 원고

우리는 늘 뭔가를 채우면서 살죠.〰

먹을 것을 채우고, 일을 채우고, 계획들을 채우고요.〰

멋진 꿈과 희망을 채우기도 하죠.〰

그런데 정말 중요한 것이 하나 있습니다.〰

진짜 중요한 것인데 우리가 종종 잊고 사는, 바로 '쉼'을 채우는

것이에요.〰

어느 작가는 한걸음 더 나아가서 '나태함을 충천하는 시간'이라는

표현을 쓰기도 했는데요.〰 그러게요.〰 요즘같이 바쁜 세상에서

는 가끔은 쉼을 넘어서, 좀 뒹굴뒹굴, 마냥 늘어져도 좋을 게으름

을 채워보는 건 어떨까요?〰

DJ원고 〈음악이 있는 풍경〉

지금까지 배운 신뢰감을 주는 하강억양, 생동감을 주는 상승
억양을 활용해 멋진 내레이션 원고를 완성해봅시다. 억양의 변
화만으로도 달라진 목소리를 확인할 수 있습니다.

■ 전문적인 목소리를 위한 다양한 억양 연습

올겨울 제주엔╱ 눈이 유난히도 많이 왔다╲

눈이 함박 쌓인 날은╱ 아이들이 다 어디로 가는지╲

아직 개학을 맞지 않은 학교 운동장╲ 엄마가 부르는 소리도 나 몰라라╲

썰매장이 된 계단을╱ 아예 굴러다니는 아들 녀석이다╲

할 수 있으려나◠ 눈덩이 한 뭉치와 함께 돌아가는 길╲

아이들 덕에 웃고 산다╲

열 살, 열한 살 남매는◠ 모든 놀이에 전천후 짝꿍╱

엄마 현주 씨는╱ 5년째 암과 싸우고 있다╲

하지만 현주 씨의 일상은╱ 여느 엄마와 같다╲

무슨 환자가 이리도 부지런한지◠ 유난히 궂은 날씨가 많아╱ 빨래가 큰 고민이었는데,◠ 올겨울은 이 덕을 톡톡히 봤다╲

〈인간극장〉 내레이션

우리는 지루함을 참 힘들어합니다. 누군가와 이야기를 할 때, 발표를 듣거나 강의를 들을 때 지루한 목소리는 집중도를 금방 잃게 만듭니다. 하품이 나오기도 하고, 말의 내용이 잘 들리지 않게 되면 금방 머릿속에 딴생각이 들기 마련이죠. 반면에 기가 막히게 재미있게 말하는 사람이 있습니다. 대화를 하다보면 어느 순간 그 이야기에 빠져들고, 이미지화가 가능하도록 만듭니다. 그것은 말의 내용보다 목소리의 표현력이 특별하기 때문입니다.

6장

표현력 넘치는
목소리

귀에 쏙쏙
들어오는 목소리는?

> "제 목소리가 지루하다고 합니다."

　목소리는 차분하고 참 좋은데 계속 듣다 보면 유독 지루한 사람이 있지 않나요? 상대방이 내 이야기를 잘 듣게 하기 위해서는 어떻게 해야 할까요? 아동심리 상담가라는 사람을 만났습니다. 관련 지식을 쌓기 위해 박사 학위까지 받으며 전문성을 길러왔다고 했는데요, 전문가로서 부모들을 만나 상담하는데 이상하게 부모들이 자신의 말에 집중하지 않는 것 같다고 했습니다. 아무래도 자신의 목소리가 문제인 것 같다고 말씀했습니다.

목소리 진단 결과, 평균 여성들의 목소리 톤보다 낮고, 성량이 작으며, 표현력이 많이 부족했습니다. 따라서 본인이 하고 싶은 중요한 말을 쏙쏙 전달하기 어렵고, 상대방으로부터 공감도 불러일으키지 못한 것이었습니다. *목소리의 집중력은 공감을 불러일으키고, 공감은 설득력을 높이는 효과를 보여줍니다.*

표현력 넘치는 목소리를 만들기 위해서는 어떻게 해야 할까요? 저는 연애와 비유해서 말씀드리고 싶습니다. 연애를 하는데 서로를 매혹하는 일명 '밀당'이 필요하다는 말, 한번쯤은 들어보셨을 거예요.

연애전문가들의 강연을 들어보면 분명 어떠한 끌림은 필요해보입니다. 서로에게 좀더 집중하게 만드는 힘을 줄 수 있으니까요. 목소리도 똑같다고 생각합니다. 상대방의 귀에 쏙쏙 전달되도록 끌리게 말하려면 목소리에도 반드시 '밀당'이 필요합니다.

■ **목소리의 '밀당'이 필요할 때 속도를 잡아라!**

1. 숫자, 인명, 지명 등 어려운 내용을 말할 때는 천·천·히
2. 누구나 잘 알고 이해하는 내용을 말할 때는 빠·르·게
3. 결과를 먼저 말하는 경우는 천·천·히
4. 분명하고 확실하게 말해야 하는 경우는 천·천·히

속도의 변화만으로도 표현력이 생깁니다. 속도가 너무 빨라도, 너무 느려도 맛깔스러운 표현력은 놓치게 됩니다. 저는 프리랜서로 방송을 할 때보다 강의를 할 때 훨씬 목소리를 잘 활용하고 있다고 느낍니다. 방송은 정해진 원고의 틀 안에서 표현하는 방식이지만 강의는 정해진 틀이 없는 예측 불가능한 즉흥적인 상황에서 말하는 방식이죠.

그러다보니 강의를 할 때 청중을 사로잡는 것은 정말 중요합니다. 말의 임팩트가 없이는 절대 청중들을 집중시킬 수가 없기 때문이죠. 처음 강연 때는 긴장감에 사로잡혀 급하고 빠르게 끝내버리는 아쉬움이 많았습니다. 하지만 다수의 강의로 인해 연단이 익숙해지면서 청중을 쉽게 집중시키는 기술이 생겼습니다.

달리기만 하지 말고
목소리의 브레이크 달기

그 기술은 바로 목소리에 브레이크를 달아보는 것입니다. 즉 내가 말하려는 중요한 구절 앞에서 잠시 멈춰 서는 것입니다.

> ■ 목소리에 브레이크 달기 실습 원고
>
> 시카고의 한 고등학교는 졸업을 하려면 일정 수의 과목을 통과해야 하는데
>
> 통과 못한 과목은 '아직'이란 학점을 받는다고 합니다.
>
> '낙제'를 받은 학생은 스스로 형편없다고 느끼겠지만, 낙제 대신
>
> '아직'이란 학점을 받은 학생은 자신이 배우는 과정 중이란 걸 이해하는 거죠.
>
> 앞으로 나아가야 할 길을 보여주는 것입니다.
>
> '아직'이란 말은 저의 진로 초기에 펼쳐진 중대한 사건에서
>
> 전환점이 되는 깨달음을 주었습니다.
>
> TED 강연 '자신이 발전할 수 있다는 믿음의 힘'에서

어떤가요? 목소리에 브레이크를 달아보았나요? *중요하게 강조하는 구절 앞에서 '조용한 멈춤'을 해 보세요. 그 조용한 멈춤이 청중을 몰입시키게 만듭니다. 멈춤의 시간은 3초면 좋겠습니다.* 마음속으로 3초 정도 헤아린 뒤에 다음 구절을 강조해보세요. 이 원고는 TED 강연 중 일부를 발췌했습니다. 여러분도 실제 강연을 한다고 생각하며 3초의 멈춤 브레이크를 달아 목소리의 표현력을 담아보세요.

> **" **
>
> **■ 브레이크 강조법 실습**
>
> 1. 사회인에게 가장 중요한 것은 ✔ 성실함입니다.
>
> 2. 여러분, 성공하고 싶다면 ✔ 지금 행동하십시오.
>
> 3. 진정한 배움이란 ✔ 위대한 나를 만나는 과정입니다.
>
> 4. 논쟁이 아닌 ✔ 토론을 하세요.
>
> 5. 설득을 잘 하기 위해서는 ✔ 공감능력이 필요합니다.
>
> 6. 인생에서 가장 중요한 것은 ✔ 오늘입니다.
>
> 7. 우리의 인생을 ✔ 소풍이라고 말하고 싶습니다.
>
> 8. 친구는 제2의 ✔ 자신입니다.
>
> 9. 말을 잘하기 위해서는 ✔ 편견 없는 경청이 필요합니다.
>
> 10. 꿈꾸는 사람은 ✔ 멈추지 않습니다.

노래 잘하는
목소리 ⎯⎯⎯⎯⎯⎯⎯⎯⎯⎯⎯〰〰〰⎯⎯⎯⎯⎯

> "제가 음치라서 말을 못하는 걸까요?"

우리는 노래를 참 좋아하는 민족입니다. 음악을 주제로 한 예능프로그램도 다양하고, 노래방문화가 발달해서 언제든지 흥겹게 즐길 수가 있죠. 요즘 오디션 프로그램을 보면 '우리나라에 저렇게 노래를 잘하는 사람이 많았나…' 할 정도로 가수 못지않은 실력자들이 많습니다.

목소리를 연구하고 교육하면서 음치에 대해서도 알아보게 되었습니다. 수업을 의뢰하는 사람들 중 음정에 대한 감각이 부족한 사람들이 있습니다. 목소리 교정과 마찬가지로 귀나 발성기관의 문제가 있다면 음치를 교정하기 어렵겠지만, 음정을 제대로 인식하거나 재현하지 못하는 것이라면 훈련으로 완화할 수 있습니다.

노래를 많이 듣고 음정을 정확히 따라 불러 녹음해보는 노력이 필요합니다. 또한 말을 할 때 목소리는 크고 낮은 음정의 발성만 표현할 수 있다면 충분합니다. 음의 높낮이를 활용해서 말을 한다면 노래를 듣는 느낌을 줍니다. 노래를 부르는 목소리로 말한다면 듣는 사람들의 시선을 잡을 수 있습니다.

목소리를 제대로 연주할 때
달라지는 톤

목소리를 어떻게 내뱉느냐에 따라 때로는 지루하게, 때로는 즐겁게 들리기도 하죠. *자연스럽게 목소리 톤을 변화시키려면*

감정에너지를 담아야 합니다. 도레미파솔 음계에 따라 소리를 크게 지르며 톤의 변화를 준다면 기계적이고 어색하게 들릴 수밖에 없습니다.

2인 1조로 연습하기를 권해드립니다. 또는 혼자서 연습하더라도 앞에 누군가 있다는 가정하에 전달해보세요. "안녕하세요"라고 상대방에게 감정에너지를 전달하면, 받는 사람이 2단계로 감정에너지를 받아 "반갑습니다"라고 말해보세요. 상대방이 말한 감정에너지에 밝게 UP된 에너지를 쏟아내보세요.

예를 들어 음식점에 갔을 때 종업원이 감정 없이 목소리만 크게 "어서오세요!"라는 인사를 한다면 어떨까요? 그 직원이 친절하다고 느낄까요? 오히려 가식적이고 기분 나쁘게 들릴 수도 있습니다. *감정이 없는 발성법은 말의 의미를 제대로 전달하기 어렵습니다.*

연습할 때는 성대를 누르는 납작한 소리로 말하는 것이 아니라 복식호흡을 활용한 발성을 기억하세요. 이렇게 5단계까지 감정을 담은 톤UP 발성법을 실습해봅시다.

■ 감정에너지를 전달하는 5단계 톤UP 발성법

5단계 톤 발성: 다음에 봐요~
4단계 톤 발성: 보기 좋네요~
3단계 톤 발성: 오랜만이죠~
2단계 톤 발성: 반갑습니다~
1단계 톤 발성: 안녕하세요~

목소리 톤의 변화를 느껴보셨나요? 발성법으로 연습을 했다면, 이제는 UP/DOWN 톤 변화로 노래하듯 말하는 목소리를 만들어보도록 하겠습니다. 평소 나의 톤이 일정하고 지루하게 들린다면 표현력 넘치는 목소리로 달라질 겁니다.

UP톤과 DOWN톤을 적절히 활용하게 되면 읽는 듯한 딱딱함을 없앨 수 있습니다. 목소리의 기본기(호흡, 발성, 발음) 훈련을 통해 원고를 읽고 녹음해서 들어보면, 평소보다 어색하고 낯설게 들릴 것입니다. 하지만 적절하게 목소리를 높여 UP톤으로 소리내보고, 호흡으로 낮추는 DOWN톤으로 말한다면 죽어 있던 문장도 살아 있는 문장으로 바꿀 수 있습니다.

다음 실습 원고에서 ↑표시에서는 목소리를 높게 소리 내보고, ↓표시에서는 호흡을 내뱉으며 목소리를 낮게 내주세요. 감정을 담아 소리 내는 것은 기본입니다.

■ UP/DOWN 톤 변화주기 실습

1. 사회인에게 가장↑중요한 것은 성실함↓입니다.

2. 여러분, 성공하고 싶다면 지금↑ 행동하십시오.↓

3. 진정한 배움↑이란 위대한 나를 만나는 과정↓입니다.

4. 논쟁↑이 아닌 토론↓을 하세요.

5. 설득을 잘 하기 위해서는 공감능력↑이 필요↓합니다.

6. 인생에서 가장↑중요한 것은 오늘↓입니다.

7. 인생↑은 소풍↓이라고 말하고 싶습니다.

8. 친구는 제2의↑ 자신↓입니다.

9. 말을 잘하기 위해서는 편견↑없는 경청↓이 필요합니다.

10. 꿈꾸는 사람↑은 멈추지 않습니다.↓

죽은 발표를 살리는
목소리 강조법

프레젠테이션을 잘하고 싶다는 욕망은 누구나 갖고 있을 것입니다. 면접의 순간, 대학 조별활동, 회사 내 프로젝트 발표 등 말하기의 기술은 현대인에게 꼭 필요한 역량이 되고 있습니다. 비즈니스를 위한 발표력을 키우기 위해 기업에서의 교육 의뢰도 많지만 프레젠테이션 스킬을 배우고 싶어 하는 대학생들을 위한 강의도 꾸준히 진행하고 있습니다.

열정적으로 수업을 듣는 대학생 친구들은 저에게도 활력이 됩니다. 요즘은 단순히 프레젠테이션을 위한 수업만 듣는 것이 아니라 수업 후 경연대회를 펼쳐 실전에서 활용해보기를 원하는 경우도 많습니다. 그렇기에 학생들의 교육뿐만 아니라 심사위원이 되어 평가를 해주게 됩니다.

심사를 할 때면 안타까운 순간이 반드시 발생합니다. ○○대학교 프레젠테이션 경연대회 중 A조의 발표가 있었습니다. 대학생이라고 믿기 어려울 정도로 탄탄한 프레젠테이션 구성과 화려한 ppt 슬라이드까지 높은 점수를 주고 싶었습니다. 잔뜩 기대하고 보고 있는데 '아뿔싸' 그 좋은 콘텐츠가 전달이 안 되는 것입니다.

무슨 말을 하고 있는지 도통 알아들을 수가 없고, 긴장했는지 기어들어가는 목소리에 끊임없이 말은 하고 있지만 전혀 귀에 들어오지 않았습니다. 5명의 심사위원이 공통적으로 같은 심사평을 내놓을 수밖에 없는 상황이 되었습니다. '아, 정말 목소리 전달력이 중요하구나'라고 다시 한 번 생각하게 되었던 순간이었습니다.

임팩트 있는
목소리가 필요한 시점

반면 일반적이고 무난한 프레젠테이션 구성이었음에도 불구하고 임팩트 있는 목소리를 보여준 학생도 있었습니다. '어쩌면 저렇게 긴장하지 않고 청중들 귀에 쏙쏙 들어오게 발표를 잘할까?' 싶을 정도로 전달력이 좋은 학생이 당연히 심사위원들의 평가도 좋았습니다. 이 학생의 경우 콘텐츠도 중요하지만 전달하는 목소리 표현력도 중요하다는 사실을 너무나도 잘 알고 있었습니다.

여러분이 프레젠테이션 할 기회가 생겼다면 어떤 준비에 가장 많은 시간을 투자하시겠습니까? 대부분 ppt 슬라이드 구성에 가장 많은 시간을 투자합니다. *실제 목소리를 내보며 발표 연습을 하는 시간은 많지 않을 거예요. 정말 중요한 연습을 놓치고 있는 것은 아닌지 살펴봐야 합니다.* 잘 완성된 멋진 콘텐츠를 임팩트 있게 전달하는 목소리 강조법이 꼭 필요합니다.

■ 목소리 강조법 실습 원고

저는 평생 동안 많~은 알파메일을 알았는데요. 침팬지 알파메일
　　　　　　　(깊은 호흡 강조)

말입니다.

알파메일로부터 배울 수 있었던 어·떠·한·것에 대해 이야기해볼
　　　　　　　　　　　　　　　(또박또박 강조)

까 합니다.

제가 알았던 아모스는 젊은 수컷이었고 알파메일이었어요. 인기

가 아~주 많았습니다.
　(깊은 호흡 강조)

그런데 병이 들었고 지위를 잃게 되었어요.

왜·냐·하·면 수컷 침팬지들은 1km밖에서도 약한 개체를 금~방
(또박또박 강조)　　　　　　　　　　　　　　　　　　(깊은 호흡 강조)

알아볼 수 있거든요.

그래서 아모스는 공격을 받았고 지위를 잃고 나서 병세가 점점

더 악화되어 저희는 아모스를 격리해야 했습니다. 그런데 격리 후

정~말 감동적인 일이 일어납니다.
(깊은 호흡 강조)

다른 침팬지들이 먹이를 물어다주고 나무부스러기를 가져다주는

것이었어요.

　　　　　　　　　　　　　　　　－TED 강연 '알파메일에 대한 놀라운 과학'에서

※알파메일(alpha male): 늑대 집단의 계층에서 최고 우두머
　리 수컷이라는 뜻으로, 강한 이미지의 남성을 이르는 말.

결국 죽은 발표를 살리는 강조법도 복식 호흡을 활용해야 합니다. *첫째, 깊은 호흡으로 강조하게 되면 목소리에도 깊이가 생깁니다.* 듣는 사람이 상상하고 빠져들 수 있도록 깊은 호흡으로 강조해주세요. *둘째, 또박또박 한 글자씩 강조하게 되면 듣는 사람의 머릿속에 또렷이 담을 수 있습니다.* 구성에 따라 분위기의 전환이 필요할 때나 말하고 싶은 분명한 바를 표현할 때 또박또박 강조법을 활용하면 좋습니다.

또박또박 강조법은 대단히 색다르고 이색적인 강조법은 아닙니다. 전달력 있는 목소리도 대단히 색다른 것은 아닙니다. 하지만 분명 잘 들리는 목소리는 아주 작은 변화에서 시작됩니다.

때로는 연기가
필요한 목소리 ⎯⎯⎯⎯⎯⎯⎯⎯⎯〰〰⎯⎯

> "제 목소리에는 감정이 없다고 해요."

감정이 담긴 목소리는 호소력을 보여줍니다. 목소리 활용을 가장 잘해내야 하는 직업이 바로 강사가 아닐까 싶습니다. 청중을 압도하는 집중력 있는 목소리의 강사는 부러움의 대상이 되기도 합니다. 그래서 프로 강사들 중에 연기를 따로 배우고 싶어하는 강사들도 있습니다. 연기를 배우면 감정 표현력이 생기기 때문에 흡입력 있는 강의를 보여주기 위한 노력이겠죠.

목소리 교정 수업에서도 표현력은 중요합니다. 감정을 마구 분출하는 연기는 아니지만 다양한 감정을 담아내기 위한 노력은 목소리를 다채롭게 만들어줍니다.

교육을 하다보면 감정표현에 우둔한 수강생들을 만나게 되기도 합니다. 치열한 경쟁 사회 속에서 특별히 자신의 감정을 표출하는 것이 불필요한 상황도 있겠지요. 또 감정을 표현한다는 것을 낯부끄럽고 생경하게 느끼는 분들도 있습니다.

지나치게 우리 내면의 감정들을 꺼내어보지 못하는 것은 아닌지 안타깝기도 합니다. 우리가 가진 기쁨, 슬픔, 분노, 짜증, 환희 등 묵은 감정들을 표출하는 것만으로도 답답한 마음이 어느 정도 해소될 수 있습니다. 정보를 전달하는 목소리도 필요하지만 말의 이미지화를 만드는 호소력 있는 목소리도 반드시 필요합니다.

다음 실습 원고의 감정표현은 10가지도 채 되지 않습니다. 더 다양하게 표현할 감정이 우리 안에는 무궁무진할 것입니다. 연습을 할 때는 표정도 함께 움직여주세요. 움츠려있던 표정

근육들도 마구 움직이면서 과감하게 표현합시다. 그럼 이제 목소리의 감정을 담기 위해 내안의 틀을 깨고 순간 몰입해 연기해볼까요? 단어의 감정을 담아 소리내보도록 합시다.

> **■ 목소리 감정 담기 실습 원고**
>
> 즐거움: 오랜만에 놀러오니까 진짜 좋다! 우리 즐겁게 놀다가요~
>
> 감사함: 와! 이게 제 선물이에요?! 고맙습니다~
>
> 행복함: 오늘 너~~~무 행복하다! 스트레스 확 풀리는데~
>
> 불안함: 어떡하지…? 발표가 내일인데… 나 떨어지면 어떡하지…?
>
> 무서움: 야~~아! 깜짝 놀랐잖아!!
>
> 미안함: 과장님, 정말 죄송합니다. 제가 잘못해서 벌어진 일이예요. 정말 죄송해요
>
> 분노함: 지금 그걸 말이라고 하는 거야?! 실수는 인정하고 용서를 구하면 되는 거야!
>
> 걱정함: 많이 다쳤어? 지금은 괜찮아? 아이고… 이만하길 정말 다행이야!

말의 이미지화를
만드는 목소리

저의 어머니는 강의 듣는 것을 좋아합니다. 제가 진행하는 하우투스피치 월간특강에 참여하기도 하며 강의에 대한 관심도 많습니다. 그런 어머니께서 참 좋아하는 강사가 있습니다. 바로 역사 에듀테이너라고 불리는 설민석 강사입니다. 워낙 유명하기에 오프라인뿐만 아니라 온라인을 통해 다양한 매체 속에서 강의를 진행하고 있습니다. MBC 〈무한도전〉을 비롯해 다양한 예능에도 출연하며 폭넓은 인기를 얻고 있습니다.

어머니에게 설민석 강사를 좋아하는 이유를 물었더니 말을 너무 재미있게 한다는 것입니다. 설강사의 강의를 듣고 있으면 역사 속 그 현장에 빨려 들어간 것 같다는 거죠. 물론 매력적인 스토리텔링의 역할도 있겠지만 목소리 활용에 아주 능숙한 분이라고 말하고 싶습니다.

설민석 강사는 깊은 호흡으로 중요한 맥락을 강조하기도 하며, 감정을 담아 목소리의 높낮이를 유연하게 조절합니다.

목소리를 밀고 당기며 호소력 있게 말하고, 표정 또한 다채롭게 담고 있어 빠져들 수밖에 없는 거죠. '6장 표현력 넘치는 목소리'를 열심히 연습한다면 여러분도 충분히 이미지화를 만드는 목소리를 가질 수 있습니다. 다음 최종 실습 원고를 통해 지금까지 배운 브레이크 강조 / UP&DOWN 강조 / 깊은 호흡 강조 & 또박또박 강조를 활용해볼까요?

> **■ 표현력 넘치는 목소리 최종 실습 원고**
>
> 안녕하십니까? O·O·O입니다.
> (또박또박 강조)
> 이번에는 사도라는 영화로 역사에 대한 이야기를 해볼까 합니다.
> (깊은 호흡 강조)
> 250년 전 ✔ 아버지가 아들을 죽인 사건입니다. 왕이↑ 세자를↓
> (브레이크 강조)   (up&down 강조)
> 죽인 사건이기도 하죠.
>
> 자~! 조선왕조 500년뿐만 아니라 역사를 통틀어보더라도 그 유
>
> 래를 찾기 어려운 ✔ 희대의
> (브레이크 강조)
> 비·극·적·스·캔·들. 왜 이런 일이 벌어질 수밖에 없었는지, 그 내
> (또박또박 강조)
> 용을 살펴보도록 하겠습니다.
>
> 우리의 주인공 사도는 본명은 이·선이고요, 영조의 둘째아들로
> (또박또박 강조)
> 태어납니다.

첫째아들은 효장세자라고 했는데요. 10살 되는 해에 먼저

세상을 ↑ 떠났고요. ↓
    (up&down 강조)
영조가 41살의 늦둥이로 낳은 자식이 바로 √ 이선, 사도세자가
                            (브레이크 강조)

되겠습니다.

설민석의 영화 〈사도〉 해설 동영상에서

제 목소리가 달라질 수 있나요? 목소리를 바꿀 수 있다는 게 가능한
가요? 많은 사람이 물어보는 질문이자 의심입니다. 목소리의 변화
가 쉽지는 않습니다. 점점 많아지고 있는 스피치 학원에 다니면 모
두 성우처럼 목소리가 좋아지는 걸까요? 목소리의 변화는 불편합니
다. 평소 내가 아닌 것처럼 말해야 내가 원하는 목소리를 얻을 수 있
습니다. 그 불편함을 이기는 것은 연습뿐입니다.

7장

연습하면 달라지는
목소리

1등 프레젠터가 되어 연습하기

"성공한 PT로 성공하는 목소리 훈련."

지금부터는 본격적으로 실전 연습입니다! 다음 원고는 평창올림픽 개최의 주역인 나승연 대변인과 김연아 선수의 연설문을 발췌한 것입니다. 성공적이었던 연설문으로 연습한다면 1등 프레젠터가 될 수 있을 거라는 기대 또한 가질 수 있습니다. 연습하는 순서는 먼저 눈으로 내용을 쭉 읽어주세요. 그리고 쉬어야 할 곳들을 체크해주시고, 문장별 중요한 구절도 빨간 볼펜으로 체크해봅시다. 색깔 볼펜을 가지고 어려운 발음들, 억양의 활용, 표현력 등 자유롭게 적어보며 연습하고 녹음까지 완성해봅시다.

> ❝
>
> ### ■ 나승연 대변인의 연설문 원고
>
> 신사 숙녀 여러분, 안녕하십니까?
>
> 저는 평창유치위원회의 대변인 나승연입니다.
>
> 올림픽 준비에 새로이 합류하게 된 저로서 지난 몇 달간 유치에 참여하며 여러분을 뵐 수 있게 되어 새로운 배움의 경험이었습니다.
>
> 저는 또한 좀더 흥미로운 점들을 배웠습니다.
>
> 바로 올림픽 유치에 있어 말이 매우 중요하다는 점입니다.
>
> 말은 우리에게 영감을 줄 수 있고, 불가능해 보이는 것들을 믿도록 하는 힘도 있습니다. 10년 전, 많은 사람들은 한국이 동계 스포츠를 주최하는 것은 불가능하다고 생각했습니다. 그리고 두 번의 유치 실패 이후, 우리 역시 불가능 하다고 믿을 뻔 했습니다.
>
> 하지만 우리는 가능하다고 믿었습니다. 매번 실망한 후에, 우리는 다시 털고 일어나 다시 재정비하고, 여러분의 말씀에 귀 기울였으며 실수를 통해 교훈을 얻었습니다. 그리고 우리는 재도전했습니다.

이러한 역경을 이겨내기 위해, 우리는 두 개의 중요한 단어에만 집중했습니다. 바로 끈기와 인내심이었습니다. 이 두 단어는 스포츠에도 중요한 단어이지만, 한국 문화에도 깊게 새겨져 있습니다. 지난 60년 동안 이 단어들은 우리 국가 및 사람들에게 더 나은 미래에 대한 믿음과 희망을 가져다주었습니다.

평창 2018은 예전이나 지금이나, 한국만을 위한 것이 아닙니다. 우리의 꿈은 전 세계 곳곳에 동계 스포츠의 혜택을 보지 못하고 있는 지역의 선수들이 동계올림픽 및 패럴림픽에 참가하는 모습을 보고 싶습니다. 심지어 평창마저도. 우리는 그것이 아주 커다란 꿈이라는 걸 알고 있습니다.

■ 김연아 선수의 연설문 원고

다들 반갑습니다. 김연아입니다.

우리가 로젠에서 서로 본지 7주밖에 지나지 않은 게 믿기지가 않네요.

그때 이후부터 전 그 어떤 다른 연습보다 오늘을 위해서 열심히 노력해왔습니다.

로잔에서처럼 지금 역시 떨리기는 마찬가지네요. 이런 모든 과정에 있어서 저 같은 사람은 겸손해지는 것 같습니다. 또 겸손해지게 되는 이유는 오늘 여러분들께서 역사의 한 장을 이루어 주시기 때문입니다. 그리고 저 또한 그런 역사의 현장에서 작은 기여를 하게 되고요. 지금 제 느낌은 벤쿠버에서 게임을 했을 때와 같다고 할 수 있을 것 같네요.

10년 전, 평창에서 동계올림픽을 유치할 수 있다고 꿈꾸기 시작했을 때 전 서울 아이스링크장에서 저만의 꿈을 이루고 싶어 하는 한 작은 소녀였지요. 그때 다행스럽게도 좋은 훈련시설과 코치 분들을 갖추고 있는 스포츠를 선택하게 되었습니다. 여러분들도 아시다시피 한국의 동계올림픽 선수들이 올림픽에서 이루고자 하는 꿈을 위해서 훈련을 받기 위해서 세계각지를 돌고 있어요. 지금 제 꿈은 그동안 제가 갖고 있었던 기회들은 다른 선수들과 함께 새로운 이곳에서 펼쳐보고 싶다는 것입니다. 평창올림픽이 이뤄지게 되면 그러한 것들을 이루게 해줄 것입니다. 우리 정부는 〈The drive the dream〉라는 프로젝트를 만들어서 선수들을 위한 시설과 훈련 비용들을 조성해 주었습니다. 이 프로그램으로 인해서 한국은 벤쿠버에서 저를 포함해서 14개의 메달을 획득했어요. 그리고 또 82개국 중 전국 7위에 올랐고요. 앞으로도 더 좋은 결과를 이루기 위해서 우리는 평창올림픽을 통해서 가져다줄 새로운 시설이 필요합니다. 새로운 지평선과 함께 유산으로 남을 것이고 이것은 그 어느 곳보다 중요하게 될 거예요. 전 지금 인적 유산에 대해서 말하고 있는 겁니다. 우리 동계올림픽 수준 향상을 위해 정부의 값진 노력이 들어가 있는 살아있는 유산의 한 예라고 볼 수 있을 거예요. 그리고 아마도 우리의 승리하는 무엇을 의미하는지 상상 이상으로 클 것입니다. 그것은 바로 성공과 성취에 대한 가능성을 의미하는 것입니다. 그것은 바로 전 세계에 젊은이들이 필요로 하고 받아야 하는 것이기도 합니다. 그리고 마지막으로 하나 개인적으로 하고 싶은 말이 있는데요. 이렇게 한 올림픽 선수가 한자리에서 IOC분들에게 '감사하다'라고 말할 수 있는 기회가 흔치 않는 일인데요. 저 같은 사람에게 꿈을 이룰 수 있도록 해주시고 다른 사람에게 비전을 품을 수 있도록 기회를 주신 IOC회원 분들께 감사하다고 전해드리고 싶습니다.

프로 아나운서가 되어
연습하기 ⎯⎯⎯⎯⎯⎯〰〰⎯⎯⎯

> "누구나 앵커가 되는 목소리 훈련."

　뉴스를 진행하는 아나운서가 되어 연습해봅시다. 비즈니스와 일상생활에서 사실과 정보를 확신 있고 자신감 넘치게 전달하는 목소리를 위한 훈련입니다. 또한 좀더 신뢰감 있고 전문성을 지닌 목소리를 위한 실습입니다. 긴 호흡, 힘 있는 발성, 또렷한 발음이 기본이 되어 하강조의 억양을 적절하게 사용해봐요.

■ 뉴스 연습하기

뉴스1

뉴스룸의 앵커브리핑을 시작하겠습니다.

경비실에 에어컨을 달지 말아주십시오.

부산의 한 아파트 경비원들은 경비실에 에어컨을 설치하지 않겠다고 말했습니다. 40도 가까운 타는 듯한 폭염을 고려해서 시공업체가 나서서 에어컨을 놓아주겠다고 했지만 그들은 고개를 가로저었습니다. 알고 보니 그것은 에어컨이 있는 집보다 없는 집이 더많았던 영구임대아파트. 형편이 어려운 주민들을 생각하니 경비원들은 혼자서만 시원하기가 미안했던 것입니다. 그들은 덥긴 하지만 더 더울 주민들을 생각하면 선풍기로도 여름 한철은 견딜 수있다고 말했습니다. 참으로 생경한 풍경이었습니다.

뉴스2

올해 4년째 일반 대학의 연간 평균등록금은 671만 원으로 지난해와 비슷한 것으로 조사되었습니다. 교육부는 전국 일반대학 185곳을 분석한 결과 학생 1명이 연간 내야 하는 등록금은 671만 1천 8백 원으로 지난해보다 2만 5천 원 올랐다고 밝혔습니다. 조사 대학 중 96%가 정부 방침에 따라 등록금을 동결하거나 내렸는데도 평균 등록금이 소폭 오른 건 등록금이 상대적으로 비싼 이과 정원 비율이 늘어서라고 교육부는 설명했습니다.

뉴스3

국내 페트병의 절반 이상을 생산하는 음료·제약업체들이 유색 페트병을 재활용이 쉬운 무색으로 교체하기로 했습니다. 환경부는 국내 페트병의 55%를 생산하는 제약·음료업체 19곳과 재활용이 쉬운 포장재 사용을 위한 자발적 업무협약을 오늘 오전 체결한다고 밝혔습니다. 이들 업체는 무색 페트병만 사용하도록 품목별 포장재의 재질·구조 등을 내년까지 자율적으로 개선하되, 맥주처럼 품질 보장을 위한 경우에만 제한적으로 갈색, 녹색을 사용하기로 했습니다.

통통 튀는 리포터가 되어
연습하기

> **"맛있게 표현하는 목소리 훈련."**

　음식이면 음식, 축제면 축제. 리포터들이 소개하면 꼭 한번 먹어보고 싶은 음식처럼, 꼭 한번 가보고 싶은 곳처럼 생생하게 느껴집니다. 그만큼 목소리를 맛있게 표현하는 능력이 있습니다. 우리도 상대방이 빠져들어 듣게 만드는 목소리를 만들어봅시다. 목소리 강조기법을 활용해도 좋을 것 같습니다. 다음 2가지 원고를 생동감 넘치게 연습해볼까요?

■ 목소리를 맛있게 표현하는 연습하기

리포팅1

안녕하세요~ 생방송 투데이입니다!

오늘 전국적으로 비가 시원하게 내렸죠.

제 주변만 해도 비올 때 빗소리 듣는 게 참 좋다고 말하는 분들이

있어요~

그런데 이 말이 근거가 있는 것이 빗소리처럼 일정한 주파수를 가

진 소리를 가만히 듣고 있으면 마음도 안정되고 스트레스도 날릴

수 있다고 합니다.

앞으로 비올 때는 정말 소리에 가만히 귀 기울여 보는 것도 참 좋

을 것 같아요.

빗소리뿐이겠어요? 저는 바람소리, 파도소리, 새소리를 들어도 참

좋더라고요.

그래서 오늘은 이런 자연의 소리가 가득한 오지여행을 준비했습

니다.

함께 만나보실 분은요~ 세월에 모든 것을 맡기고 아주 편안하게

살고 계신 분입니다.

잠시 후에 함께 보시죠!

리포팅2

맛은 두말하면 잔소리! 푸짐한 양의 저렴한 가격까지! 뭣하나 빠지지 않는 팔방미인!

알짜배기 맛집이 이곳에 가면 있다! 시장 속 보물 맛집을 찾아 지금 떠나보자!

소문난 맛집을 찾아 도착한 곳은 대구의 한 전통시장. 꼭꼭 숨겨진 시장 골목 따라 찾아가 보니 아닌 대낮에 느닷없이 불쇼가 펼쳐지는 이곳이 바로 시장을 찾는 사람이라면 모르는 사람이 없는 맛집이라는데~ 소문 듣고 찾아온 사람들로 가게 안은 이미 문전성시.

푸짐한 양에 한번 놀라고~ 기막힌 맛에 두 번 놀란다는 주인공은 바로 연탄불고기.

체면 살짝 접어두고 일단 먹고 보는데~ 고기라고 다 똑같은 고기가 아니다!

고기 맛을 좌우하는 비법은 당연지사 고기 아니겠는가? 고기 맛을 제대로 전달하기 위해 기본 중에 기본만 넣은 양념장을 붓고 잘 배이도록 섞어주면? 준비 끝~~

매력적인 DJ가 되어
연습하기 ⎯⎯⎯⎯⎯⎯⎯⎯ ⌇⌇⌇ ⎯⎯⎯⎯

> "팔색조 같은 무지개색 목소리 훈련."

흔히 다양한 매력을 지닌 사람을 팔색조 같다고 하죠. 가수들의 경우 매번 음반이 나올 때마다 새로운 변신을 해야 하니 참 힘든 직업일 거라 생각됩니다. 우리의 목소리도 무지개 색으로 변신해야 할 때가 있습니다. 때로는 연단에서 큰 목소리로 청중을 압도하기도 하며, 고객을 만나 공감을 부르는 목소리로 영업을 해야 할 때도 있죠. 다양한 순간에 적합한 목소리를 표현하는 것이야말로 목소리 재주꾼이 아닐까 싶습니다. 라디오를 진행하는 DJ가 긴 호흡으로 청취자의 귀를 속삭이듯이 우리도 말할 수 있습니다. 라디오 DJ 원고와 동화 구연 원고를 한번 연습해볼까요?

■ 팔색조 같은 목소리 연습하기

라디오 DJ 원고

때로는 눈에 걸리는 풍경이 내 마음과 꼭 닮았다는 생각이 들어요. 어둠이 내려앉은 거리, 깜빡이는 가로등이 눈에 들어온다면 그건 아마 내 마음이 외롭다는 의미일 것이고, 밤하늘에 반짝이는 별이 눈에 들어온다면 그건 아마 내 마음이 작은 기쁨으로 가득하다는 의미일 거예요. 노래도 그렇죠? 귀에 걸리는 노래가 내 마음과 꼭 닮았습니다. 사랑에 빠졌을 때는 사랑 노래가, 이별했을 때는 이별 노래가. 행복할 땐 행복한 노래. 또 슬플 땐 슬픈 노래가. 그렇게 내 마음을 닮은 노래가 유난히 잘 들리는 것 같아요. 밤하늘에 마음을 비춰보는 시간, 〈뮤직토피아〉 OOO입니다.

메모 자주 하시나요? 친구와의 약속이든, 불현듯 떠오른 생각이든 메모해야지~했다가 깜빡하면, 생각했던 것들 해야 하는 일까지 덩달아 까먹는 경우가 있죠. 더듬고 더듬어도 결국 찾지 못하는 기억. 그런데 이런 경우도 있습니다. 일부러 기억해두지 않은 일. 오래돼서 잊힌 일들이 어느 날 불쑥 현재 시간 위로 생생하게 펼쳐지는 경우 말이에요. 불쑥 찾아든 기억 때문에 잠 못 이루는 날들. 지금 이 순간 오래된 기억이 영화처럼 펼쳐지는 시간이 되기를 바라봅니다.

동화 구연 원고

숲속에 아침이 밝아왔어요.

"뻐꾹뻐꾹" 뻐꾸기가 힘차게 노래하자,

"꾀꼴꾀꼴" 꾀꼬리도 반갑게 대답했어요.

모든 산새들이 정답게 아침 인사를 나눴지요~

"나도 꾀꼬리처럼 고운 목소리를 가졌다면 얼마나 좋을까?"

공작새는 꾀꼬리를 무척 부러워했어요.

"공작아, 너는 아름다운 깃털이 있잖니? 이 거울 좀 봐!"

그러자, 공작은 꼬리깃을 활짝 펼쳤어요.

"어! 무지개 같아"

"야! 정말 아름답구나."

산새들은 모두 손뼉을 치며 좋아했지요.

그 후로 공작은 자신이 생겨났어요.

"나의 자랑스러운 깃털을 더욱 아름답게 가꿔야지."

그러자, 다른 산새들도 자기의 자랑거리를 찾기로 했답니다.

열정적인 배우가 되어
연습하기 ⎯⎯⎯⎯⎯⎯⎯⎯⎯⎯⎯ ∿ ⎯⎯⎯⎯

> "낯선 상황에 몰입하는 목소리 훈련."

　일상생활에서 목소리의 변화를 얻고 싶어 우리는 방송원고로 연습을 합니다. 일상의 언어와 가장 근접한 대본인 셈이죠. 그 중에서도 영화나 드라마 대본은 우리의 생활 속 대화와 아주 가깝습니다. 또한 낯선 상황 속에서 감정을 표현해내는 연습을 하기에도 효과적이죠. 신인 배우가 인터뷰를 통해 "배우란 직업은 내가 아닌 다른 인물로 살아볼 수 있다는 점이 매력적이다"라고 말하는 것을 들은 적이 있습니다. 선택하고 주어진 삶을 평범하게 살아가다 보면 색다르고 비범한 삶을 연기하는 배우가 부러울 때가 있죠. 감정에너지를 목소리에 담아내는 훈련을 배우가 되어 실습해봅시다.

> **❝**
>
> ### ■ 영화 대본으로 목소리 연습하기
>
> 영화 〈의뢰인〉의 강변호사(하정우) 되어보기
>
> 검사 왜 그만뒀는지 물었지? 말해줄게.
>
> 남편이 술에 취해 베트남 부인을 살해한 사건이었어.
>
> 며칠 밤을 새면서 조사를 했는데도 피의자는 혐의를 부인했어.
>
> 난 그 사람이 범인이라고 확신했어. 와이셔츠 목 주위가 되게 더러웠거든.
>
> 자기는 절대 안 죽였다는데 난 속으로 셔츠나 갈아입어라 그랬지.
>
> 피의자가 화장실에 가서 자기 셔츠를 꼬아가지고 목매달고 자살한거야.
>
> 처음엔 황당했는데 바로 잘못한 게 없나 머리를 굴려봤지.
>
> 폭력을 쓴 것도 아니니까….
>
> 아침에 출근을 했는데 또 사건이 배당되었어.

근데 정말 아무렇지도 않았는데 갑자기 미칠 것처럼 겁이 났어.

호흡곤란으로 정신을 잃고 응급실에 실려 갔는데 의사 말론 공황

장애래.

나 때문에 그 사람이 죽었다는 생각을 견딜 수 없었던 거야.

(4082를 쳐다보며) 그래서 그만둔거야.

영화 〈좋아해줘〉의 조경아(이미연) 되어보기

여자 주인공 캐릭터 어때?

장pd도 이제 연기가 좀 되네?

오~ 그래서 김우빈쪽 연락 왔어?

답이 없는데 그냥 무작정 기다리고 있는 거야?

주말에 이메일로 PPL리스트는 잘도 보냈더라?

격 떨어지게 광고부터 잡아오니?

지금 그거 할 때야? 자긴 드라마 판이 만만해 보이나봐?

낮술 했니? 노진우가 싫다고 그랬다고?

내가 노진우 한테는 보내지 말라고 한 거, 뭘로 들은 거니?

아니, 왜 시키지도 않은 일을 해서 노진우가 깠다는 말을 듣게 만

들어!

대본 힘없다는 오해만 받잖아! 됐고, 다른 배우로 가.

하기 싫다는 애를 앉혀 놓으면 작품이 좋아지겠니?

나 그렇게 일한 적 없어. 아니, 내가 쓰고 여주인공 송혜교 잡았고,

제작사 내공 있는데, 와 정말 난 이해가 안 되네.

일상에서의 대화뿐만 아니라 목소리를 활용해야 하는 순간들은 많습니다. 그 중에서도 많은 사람들과 커뮤니케이션을 하는 발표에서는 특히나 더 필요합니다. 지금까지 달라지는 목소리를 느꼈다면, 그 목소리로 발표까지 잘할 수 있도록 준비해보는 것이 어떨까요? 목소리는 준비가 되었는데 말하기가 준비되지 않았다면 지금 주목해주세요. 발표를 잘해낸다면 여러분의 비즈니스도 더욱 확장될 것입니다.

8장

발표가
두렵지 않아요

제대로 준비하면
달라지는 발표 ⎯⎯⎯⎯⎯⎯〰️⎯⎯⎯⎯⎯

"연습했는데 왜 발표를 못한 걸까요?"

좋은 목소리로 많은 사람 앞에서 발표까지 잘할 수 있다면 얼마나 좋을까요? 분명 연습은 했는데 발표를 잘하지 못했다는 분들이 많습니다. 저 또한 말하기의 어려움을 누구보다 잘 알고 있습니다.

프리랜서 방송인으로 활동하던 때에 홈쇼핑 방송의 게스트로 출연하게 된 적이 있었습니다. 당시 나름대로 생방송의 경험도 있었고 리포터로도 활동하고 있었기 때문에 충분히 잘 해낼 것이라 자신했었습니다. 홈쇼핑 방송의 경우 생방송으로 진행되며 리허설이나 대본이 없습니다. 사전 미팅을 통해 제품에 대한 충분한 회의를 갖고 당일 방송에 바로 투입되는 시스템입니다.

그 당시 저의 준비방법은 자료에 대한 리서치 후 머릿속으로 생각해보는 것이었습니다. 특히 제가 맡은 제품의 홈쇼핑 방송은 30분의 짧은 진행이라 대본이 없어도 별다른 걱정은 하지 않았습니다. 그런데 제 생각과는 완전히 달랐습니다. 생방송이 진행된 이후 저는 제가 준비한 멘트를 한마디도 제대로 하지 못했습니다. 예상치 못한 쇼 호스트의 멘트에 당황하기도 했고, 머릿속이 뒤엉켜 말이 제대로 나오지 않는 것이었어요. "네, 그렇죠!" "네, 맞습니다." 이 말만 되풀이하며 30분 생방송을 허무하게 흘려보냈습니다.

원고가 없는 발표도 마찬가지라고 생각합니다. 머릿속에 내가 하고 싶은 말들만 떠올려 연습하는 것은 제대로 준비한

발표방법이 아닙니다. 중요한 발표일수록 제대로 준비했을 때 좋은 성과를 일궈낼 수 있습니다.

> ■ 스피치 준비 프로세스 5단계
>
> 1단계: 한 문장으로 요약할 수 있는 발표의 주제 선정하기
> 2단계: 발표에 필요한 자료 찾기
> 3단계: 발표의 흐름 구성하기
> 4단계: 구어체로 발표 원고 작성하기
> 5단계: 발표시간을 준수하며 소리 내서 말해보는 리허설하기

좋은 목소리로 제대로
준비하는 스피치

첫 홈쇼핑 방송을 망친 뒤, 한동안 방송 진행의 자신감을 잃었습니다. 심지어 방송 공포증까지 생기더라고요. 아마 발표불안을 갖고 계신 분들과 같은 마음이었을 겁니다. '나는 또 방송에서 말을 못할 거야'라는 부정적인 생각이 머릿속을 떠나지 않았습니다.

그 트라우마를 극복하기 위해 굉장한 노력이 필요했습니다. *발표의 불안감을 극복하기 위한 유일한 방법은 발표의 성공 경험을 많이 쌓는 것입니다. 그 성공 경험을 쌓기 위해서는 제대로 준비하는 과정이 필요합니다.*

실패의 경험을 성공 경험으로 바꾸기 위해 저는 한 단계씩 차근차근 준비했습니다. '스피치 준비 프로세스'의 1단계에서 언급한 것처럼 내가 말하고자 하는 발표의 주제 선정이 먼저입니다. 간단한 회의뿐만 아니라 중요한 발표에서도 내가 말하려고 하는 요지가 분명해야 합니다. 그 주제를 짧게는 한 문장으로 표현할 수 있어야 하고요. 핵심 주제를 찾아내고 말로 표현할 수 있다면 스피치에 전달력이 생기는 것이죠.

2단계는 브레인스토밍의 과정입니다. 발표의 필요한 자료를 찾아야 하는 거죠. 인터넷을 검색하고, 책을 찾아보고, 그외에도 다양한 경로로 발표에 대한 자료를 찾아갑니다. 자료 검색의 팁을 드리자면, 최대한 다양한 키워드로 검색해보기를 권해드립니다.

3단계는 발표의 순서를 정하는 것입니다. 어떠한 흐름으로 말하는지는 굉장히 중요합니다. 우리가 너무나도 잘 알고 있는 애플 CEO였던 스티브 잡스의 프레젠테이션은 만화를 읽는 이해도와 같다고 합니다. 그만큼 쉽다는 이야기입니다. 배려있는 말하기는 곧 알아듣기 쉬운 말하기일 수도 있습니다. 순서를 정할 때 상대방이 이해하기 쉽게 정하려면 'Why(problem) → Importance(need) → Solution(method)'의 3단계 흐름으로 말해보세요.

4단계는 머릿속으로 생각한 말들을 적어보거나 문서로 작성해보면서 스피치를 정리하는 단계입니다. 우리가 사람들에게 한번 내뱉은 말들은 다시 주워 담을 수가 없죠. 그렇기 때문에 구어체로 작성해보며 반복되는 말들이나 덧붙일 말들은 걸러내야 합니다. 소리 내어 말하기 편한 구어체로 문장을 간결하게 적어봅니다. 하지만 매번 말을 할 때마다 원고를 작성해야 하는 것은 아닙니다. 내가 내뱉는 말들이 어느 정도 정리가 될 때까지, 즉 충분히 발표가 익숙해질 때까지만 연습해보세요.

마지막 5단계는 리허설입니다. 정해진 시간에 맞춰 말하는 것도 발표준비에 포함됩니다. 30분 발표이든, 1시간 발표이든 충분히 말해보는 리허설은 꼭 필요합니다. 리허설은 연습과정 중에서 가장 중요한 부분이기도 합니다.

발표 잘하는
노하우

> "말(speech)을 잘하려면 어떻게 해야 하나요?"

"말을 잘하려면 어떻게 해야 하나요?" 참 자주 듣는 질문입니다. 타고난 달변가만이 말을 잘하는 것은 아니라고 하면서 말을 잘하는 노하우는 과연 무엇이란 말인지…? 많은 사람들이 궁금해 하고, 듣고 싶어 하는 답변이겠죠. 저의 답변은 항상 같았습니다. *"편견 없이 잘 듣고, 배려있는 화법을 갖추는 것"* 이 말을 잘하기 위한 방법이라고 생각합니다.

여기서 편견 없이 잘 듣는다는 것은 굉장히 식상한 답일 수도 있습니다. 하지만 경청 앞의 "편견 없이"라는 말이 중요합니다. 다른 사람의 이야기를 잘 듣는 것만큼 어려운 것은 없습니다. 왜냐하면 우리는 편견을 갖고 있기 때문이죠. 편견을 갖고 있다면 상대방의 이야기가 잘 들리지 않습니다.

좋은 목소리로 말을 잘하기 위해서는 가장 먼저 열린 마음이 필요합니다. 그 마음 없이는 결코 좋은 목소리를 가지는 것도, 훌륭한 스피치를 얻기가 어렵습니다. 경청은 우리에게 말을 잘할 수 있는 여러 가지 요소를 제공해줍니다.

20대 중후반부터 강의를 하면서 어려움이 많았습니다. 수강생들에게 해줄 만한 이야깃거리, 즉 에피소드가 부족했기 때문입니다. 그때부터 제가 주변 지인들을 만나거나 새로운 사람과 대화하게 되면 했던 것이 바로 '질문'이었습니다.

오랜 세월의 연륜으로 많은 에피소드를 직접 경험할 수 없으니 간접경험이라도 충분히 하려던 심산이었죠. 그때의 질문에 답해주었던 모든 분들께 정말 감사드립니다. 그 에피소드들은 강의의 귀한 자료가 되어 다양한 수강생들의 공감을 얻어낼 수 있었습니다.

사소한 생활 습관에서 만들어지는 스피치 노하우

내가 원하는 목소리를 갖기 위해 우리는 습관을 바꿔야 했습니다. 이 책의 훈련 방법들도 모두 올바른 습관 갖기입니다. 발표도 마찬가지입니다. 말을 잘하기 위한 방법은 일상생활에서의 사소한 습관에서 비롯된다고 말씀드리고 싶습니다.

> ■ 발표 잘하는 나만의 노하우 5가지
>
> 1. 무조건 **질문**하기
> 2. 질문을 통한 간접 **에피소드** 쌓기
> 3. 에피소드 **노트** 만들기
> 4. 다양한 **예능프로그램** 시청하기
> 5. 글말을 **입말**로 바꾸기

첫째, 무조건 질문을 하세요. 질문은 상대방의 생각을 들을 수 있는 좋은 통로입니다. *저는 발표에서 가장 중요한 것은 바로 청중분석이라고 생각합니다. 나의 이야기를 듣는 사람이 누구인지 파악하고, 그들이 원하는 이야기를 해줬을 때 만족을 줄 수 있습니다.* 청중분석을 하려면 당연히 질문이 필요하겠죠. 발표는 청중분석에서 시작해서 청중분석으로 끝난다고 할 수도 있습니다. 그만큼 중요합니다.

둘째, 질문을 통해 간접 에피소드를 많이 쌓아보세요. 우리 주변을 조금만 관찰해보면 무수히 많은 에피소드가 있습니다. 나의 에피소드만큼 발표의 좋은 재료는 없습니다. 꼭 내가 경험한 에피소드만 여기에 해당되는 것은 아닙니다. 다른 사람에게 전해들은 이야기도 나의 에피소드로 만들 수 있습니다. 에피소드를 많이 쌓기 위해 서점이나 도서관을 자주 방문하는 것도 추천합니다. 서점이나 도서관을 방문해서 꼭 다독하라는 말은 아닙니다. 요즘은 어떤 책들이 베스트셀러인지, 관심이 가는 책들의 목차만 살피고 오는 것도 괜찮아요. 그리고 그 목차 중에서 맘에 드는 곳부터 보는 것도 좋습니다. 조금씩 서서히 물들어가듯 책을 가까이 두세요.

셋째, 경험을 담는 노트가 필요합니다. 바쁜 일상에서 어제 일도 금방 잊어버리게 되지 않나요? 에피소드를 기록한 노트는 여러분의 스피치를 돕는 재산이 될 것입니다. 크고 두꺼운 노트 말고, 가볍고 얇은 노트부터 시작해보세요.

넷째, 예능프로그램을 활용하는 겁니다. 요즘은 정말 다양한 채널들이 있습니다. 종편 채널이 생기면서 볼거리들이 너무 다양해졌습니다. 게다가 우리나라는 기발하고 신박한 프로그램을 잘 만들어냅니다. 예능프로그램 속에서도 패널들의 토크(talk)에 주목하세요.

다섯째, 글말을 입말로 바꿔야 합니다. 주로 서류로 일을 하는 직장인의 경우 입말로 말하는 것을 어려워합니다. 문어체의 문장들에 익숙해져있기 때문이죠. 문어체는 듣기에 참 건조하고 지루할 수 있습니다. 하지만 대화 형식의 입말은 듣기가 참 편하죠. 편하게 말해야 잘 들립니다. 우리가 접하는 글들, 신문이나 책들을 입말로 바꾸는 연습을 해보세요. 쉽게 풀어 누군가에게 설명한다는 생각으로 해보는 겁니다. 하나씩 소소하게 말을 잘하는 습관을 가집시다.

발표 전
목소리 사용법

> "발표 때마다 입이 바짝바짝 마릅니다."

　내일이 발표라고 생각해보세요. 너무 긴장되는 순간입니다. 우리가 연습했던 목소리 활용법을 발표에서 적절하게 사용할 수 있어야겠죠? 그러기 위해서는 마지막 순간까지도 체크할 것들이 있습니다. 중요한 평가 전에는 이상하게 전에 없었던 예외의 상황이 생깁니다. 예외의 상황에서도 적절한 대처를 할 수 있도록 목소리 사용법을 다시 한 번 점검해봅시다.

마지막까지 체크해야 하는
목소리 관리

발표 하루 전은 굉장히 중요한 날입니다. 강사로서도 강의 전날 컨디션을 잘 유지하는 것이 필요합니다. 발표의 능숙한 프로라고 하더라고 컨디션의 균형이 깨진다면 분명 실전에서 최상의 목소리를 내기 어려울 것입니다. 전날 컨디션을 유지하기 위해서는 잠을 잘 자는 것이 먼저겠죠? 긴장이 되어 잠이 오지 않더라도 충분한 수면을 유도하는 것이 필요합니다.

또한 지나친 음주는 다음 날 확연히 다른 몸과 목소리 컨디션으로 나타날 것입니다. 조금 참고 좋은 컨디션을 유지해야

■ 목소리 사용법 5가지

1. 발표 전날, 목소리 컨디션 유지하기
2. 발표 당일, 잠겨있는 목소리를 깨워주기
3. 발표 당일, 카페인이나 우유 마시지 않기
4. 발표시, 틈날 때 물 챙겨 마시기
5. 발표시, 마이크 없이 소리 지르지 않기

합니다. 발표 당일 아침에는 잠겨 있는 목소리를 깨워주는 것이 필요합니다. 충분히 소리를 내보는 것이죠. 운동을 하기 전에는 꼭 스트레칭을 하는 반면, 발표를 하기 전에는 몸풀기 과정을 생략하는 분들이 많습니다. 목 근육 스트레칭부터 조음기관 삼형제 스트레칭까지 이 책에서 배운 대로 꼭 실천해봅시다.

또한 발표 당일 카페인을 섭취하게 되면 침이 마르는 현상이 나타날 수 있습니다. 사람에 따라 다르겠지만 우유를 마시면 배탈이 나거나 몸의 컨디션이 나빠진다는 사람도 있습니다. 성분으로 인한 현상이기에 혹시 모를 비상상황을 위해 주의하는 것이 좋겠습니다.

발표가 시작되고 긴장감으로 인해 목소리가 잠기거나 목이 타는 느낌을 받을 수 있어요. 그럴 때는 틈날 때 물을 챙겨 마시는 것이 필요합니다. 발표중 잠깐의 여유라든지, 쉬는 시간에 미지근한 물을 마셔 입이 마르지 않도록 합시다.

많은 사람을 압도하도록 발표해야 하는 때가 있습니다. 저 같은 경우는 고등학생이나 대학생을 대상으로 한 강의는 중간

중간 아이들을 집중시키기 위해 큰 목소리를 내기도 합니다. 이때 자칫 생소리를 내게 되면 목소리가 따끔거리고 아픕니다. 마찬가지로 많은 인원의 청중을 아우를 때는 마이크를 사용해 목을 보호하면서 말하는 것이 좋습니다. 다만 마이크 사용시 지나친 울림이 있을 수 있으므로 또렷하고 명확한 발음으로 말해야겠죠.

분명 당신의 목소리는 달라질 겁니다!

서점에 가면 흔하게 보았던 책들이 더이상 흔하게 보이지 않습니다. 우리가 평가하는 책 한 권에 얼마나 힘든 과정이 담겨 있는지 이해하기 때문입니다. 작가의 열정과 고민, 집필의 어려움이 모두 담긴 결실이 바로 한 권의 책이 아닐까 싶습니다.

또한 대단한 사람이 책을 쓰는 것이 아니라 지독한 사람이 책을 쓴다는 사실도 깨달았습니다. 자기 분야에 대한 지독한 열정과 확신이 한 권의 책을 만들어 내는 것 같습니다.

목소리는 저를 성장하게 만든 원동력입니다. 어린 시절 할머니 앞에서 간드러지게 트로트를 불렀던 때부터 방송가에서 환영받는 목소리가 되기 위한 노력까지, 제 목소리의 에피소드가 새삼 고맙게 느껴지는 순간입니다.

아주 쉽지만, 꼭 필요한 것들만 담아내려 애썼습니다. 그 과정에서 빠뜨린 것은 없는지 아직도 고민스럽습니다. 하지만 철저히 독자의 입장으로 목소리에 대한 궁금증들을 해소해드리려 노력했습니다. 목소리와 관련해 전문가에게 묻고 싶었던 것들부터, 집에서 혼자 연습할 수 있는 방법까지 담았습니다. 재미있으면서도 일상과 비즈니스 상황에서 활용할 수 있는 목소리 연습책이 될 수 있기를 바랍니다.

실제 교육원에서 사용되는 교재가 되기도 할 책이기에 여러분의 공간을 많이 남겨두었습니다. 노트하며 연습하고, 원고에 예쁜 색깔 펜으로 줄도 긋고 체크도 할 수 있도록 해두었으니 누구라도 마음껏 자유롭게 사용하셨으면 좋겠습니다.

목소리와 화법에 대해 연구하고 강의하면서 생긴 습관이 있습니다. 가끔 멍하게 있는 시간이 있다는 거예요. 가까이 지내는 지인들은 금방 눈치를 채지만, 제 고민의 시간을 고맙게도 기다려줍니다. 교육에 필요한 것들이 떠오르는 순간을 잠시라도 놓치지 않기 위해 오늘도 저는 머릿속을 빠르게 회전시켜봅니다. 부족한 사람이 완벽해지기 위한 노력일 거예요.

자기계발을 위해, 부족한 점을 보완하기 위해 오늘도 열심히 노력하는 여러분과 같은 마음입니다. 그 마음에 보답하기 위해 예민하고 세심하게 준비했던 책을 드디어 내놓게 되었습니다.

"모두 덕분입니다." 이 말은 제가 참 좋아하는 말입니다. 지난 시간을 뒤돌아보면 어느 것 하나 저 혼자의 힘으로 한 것이 없는 것 같습니다. 강의를 하게 된 순간부터, 자리를 꽉 채워주는 분들을 볼 때면 더욱 쓰일 만한 사람이 되어야겠다는 다짐을 하게 됩니다. 이 책을 빌어 고마운 사람들에게 마음을 전하고 싶습니다.

어려운 상황이 생겼을 때 더욱 집중하게 되었던 것이 강의였습니다. 강의를 할 때면 힘든 순간들이 떠오르지 않을 정도로 몰입하게 되고, 웃으며 즐겁게 말할 수 있기에 저는 항상 강의에 최선을 다해왔습니다. 그 순간을 함께해준 사랑하는 제자님들께 고맙다는 인사를 가장 먼저 하고 싶습니다.

하고 싶은 일을 하며 살 수 있게 실패를 두려워하지 않도록 키워주신 부모님께 존경의 마음을 전하고 싶습니다. 또한 지금 이 구절을 읽어 내려가고 있을 고마운 지인들이 뜨겁게 보내준 응원, 반드시 보답하겠습니다. 마지막으로 초심을 잃지 않고 사람을 위한 교육을 하는 하우투스피치 대표로서, 올바른 교육으로, 좋은 책으로 늘 이 자리를 지키겠습니다.

하우투스피치 대표
이서영

독자 여러분의
소중한 원고를 기다립니다

★ 메이트북스는 독자 여러분의 소중한 원고를 기다리고 있습니다. 집필을 끝냈거나 혹은 집필중인 원고가 있으신 분은 khg0109@hanmail.net으로 원고의 간단한 기획의도와 개요, 연락처 등과 함께 보내주시면 최대한 빨리 검토한 후에 연락드리겠습니다. 머뭇거리지 마시고 언제라도 메이트북스의 문을 두드리시면 반갑게 맞이하겠습니다.